◉金沢大学人間社会研究叢書◉

人びとはなぜ満州へ渡ったのか

長野県の社会運動と移民

小林信介
Kobayashi Shinsuke

世界思想社

写真：財団法人 満鉄会監修『満洲グラフ』第5巻
（ゆまに書房，2009）246頁

目次

凡例

1　他の都道府県と同様に、長野県もまた県内がいくつかの地域に分かれている。本書では、当時の郡市域を基準にして、県内の地域を次のように定義している。

北信…更級《さらしな》郡、埴科《はにしな》郡、上高井郡、下高井郡、上水内《みのち》郡、下水内郡および長野市

東信…南佐久郡、北佐久郡、小県《ちいさがた》郡および上田市

中信…西筑摩郡、東筑摩郡、南安曇《あづみ》郡、北安曇郡および松本市

南信…諏訪郡、上伊那郡、下伊那郡および岡谷市（および飯田市と諏訪市）

なお、飯田市（市制施行一九三七年四月一日）と諏訪市（同四一年八月一日）については、統計上の制約から、本書ではおおむね町村として扱っている。

2　現在の中国東北部にあたる満州は、当時「満洲」と表記されていたが、本書では、引用や書籍名を除いて、新表記に従い「満州」で統一する。

3　一般開拓団各団の名称は、長野県開拓自興会満州開拓史刊行会編『長野県満州開拓史』名簿編（一九八四）に依拠した。

4　引用にあたっては、旧字を原則として新漢字になおし、仮名遣いは原文どおりとした。難読用語にはふりがなを直後の〔 〕で括った。また、判読できなかった文字は□で示している。

5　元号年の表記は、西暦四桁を原則とし、各章、各節、各小見出しの初出のみ和暦を併記した。

はじめに

本書は、満州一般開拓団、満蒙開拓青少年義勇軍ともに全国一多く送出した長野県を事例として、国民がいかにして国策である満州開拓事業に動員され、日本帝国主義における大陸侵略の一翼を担わされたのかを考察するものである。

満州――現在の中国東北部、日本帝国主義の植民地であったこの地域[1]には、当時最大で一〇〇万人を超える日本人がいた[2]。このうち関東軍の軍人などを除いた満州移民とは、その多くが開拓団の人びとであると、一般的に思われている。しかし、日本本国から生活の基盤を同地に移したさまざまな日本人の総称が、正確な意味での「満州移民」だと考えるべきであろう。

本書では、その「満州移民」のうち、商工業者を除いた一般開拓団員、満蒙開拓青少年義勇軍の一員として渡満した教師を含む青少年たち、そしてその配偶者として満州へ送られた女性たち（「大陸の花嫁」）を対象とし、これらを総称する用語として、「満州農業移民」を用いる。満蒙開拓青少年義勇軍は、渡満後、満州開拓青年義勇隊とも呼称されていたが、本書では、「青少年義勇軍」または「義勇軍」で統一する[3]。

満州にいた日本人の約三分の一を占めたこの満州農業移民は、その実態解明をめざした研究が各地で進んでいるものの、その存在は必ずしも多くの人に知られているわけではない。さらに満州農業移民を知ってはいても、「貧しいがゆえに、新天地を求めて自ら満州に渡った」とイメージされる傾向が満州移民には強い。

蘭〔らん〕の花咲く宝和の里に　王道楽土の夢破れ　明日は何処の寝ぐらやら
風に追われて完達嶺下〔ほうだつれいか〕　行方定めぬ旅の空　遙か彼方は大茄子〔おおなす〕か
行く手当ない荒野の果てに　死ぬも生きるも二人連れ　明日は彼の岸渡ろうか

これは、石川県から送り出された宝和義勇隊開拓団の元隊員が作詞・作曲した「鎮魂歌」全五連のうち前三連分の歌詞である。終戦直前のソ連軍侵攻に始まる開拓団員の逃避行を詠んだという(4)。満州での生活と将来への夢が崩壊し、「風」に追われ、死の影におびえながら逃げる姿が描かれている。「風」とはソ連軍の戦車を指す比喩だ、と作詞者は語る。まさに命からがら日本まで逃げ延びてきた彼らは、国策の下で満州に大量に送り出された人びとである。逃避行のなかで親（壮年男性の開拓団員は、関東軍により根こそぎ動員されていたため、そのほとんどが母親）や集団からはぐれ（またはやむなく置き去りにされ）、中国の大地に取り残されたのが、中国残留邦人である。

逃避行の悲劇的なありようは、庶民の犠牲という点で戦争の悲惨さを強く訴える。先の大戦の経験から、反戦平和を強く望んだ戦後の日本にとって、この逃避行は絶好の「教材」となる。満州移民＝開拓団と連想されるのには、こうした背景があると思われる。

もちろん、この悲劇の大きな背景には、日本帝国主義の大陸侵略がある。その点で、国策の犠牲とひとことで言ってしまうのは簡単だ。しかし、そもそもなぜ彼らが満州へ渡ることになったのか、その原因や背景について、必ずしも理解が進んでいるわけではない。

また、表0-1で明らかなように、長野県は満州移民を最も多く送り出した県である。このことは、関連文献を紐解けばすぐに知れる。そのなかで、青少年義勇軍の送出に信濃教育会が大きな役割を果たしたことを指摘した研究もある。しかし、なぜ長野県は最大の移民送出県となったのか、また、なぜ信濃教育会は義勇軍送出事業に深く関与したのか。満州移民の体験者や、満州移民について多少の関心をもつ者が抱くであろうこの問いに答えることのできる研究は、いまだほとんどない。

満州移民事業が本格化したのは一九三〇年代後半だが、日本経済は一九三〇年代前半に非常に大きな不況に見舞われ、とりわけ農村部への影響は甚だしかった（昭和恐慌）[5]。昭和恐慌と満州移民を同時に視野に入れれば、「貧しかったから満州へ渡った」という、「なぜ」に対する回答が得られるかもしれない。しかしこの理解は、満州移民の原因を充分に語っているのであろうか。

そもそも満州移民に関する研究は、明らかにすべき複数のテーマをもっている。網羅的な満州移民研究の端緒である満州移民史研究会編『日本帝国主義下の満州移民』では、①満州移民政策、②移民助成機関、③分村移民、④朝鮮人移民、⑤「在満中国人」の抗日運動、というテーマ設定がなされ[6]、このほかにも、開拓団の営農実態などが取り上げられている。以後の満州移民研究は、対象を拡大しつつも、大筋においてこれらのテーマ設定に応える形で進展をみせている。そのなかで、本書が主題とする移民送出に関する研究においては、昭和初期の農村恐慌や経済更生運動との連続性を重視し、

表０－１　道府県別満州農業移民の送出分布

	人口	一般開拓団					青少年義勇軍				
	37-39年平均（千人）	実数（人）	順	全国比（%）	人口比（‰）	順	実数（人）	順	全国比（%）	人口比（‰）	順
全国	71,007.6	220,255		100.0	3.1		101,627		100.0	1.4	
北海道	3,175.3	2,002	32	0.9	0.6	41	1,127	44	1.1	0.4	45
青森	985.9	6,510	12	3.0	6.6	9	1,855	29	1.8	1.9	25
岩手	1,069.5	4,443	17	2.0	4.2	18	1,993	24	2.0	1.9	26
宮城	1,244.6	10,180	3	4.6	8.2	4	2,239	17	2.2	1.8	27
秋田	1,046.1	7,814	10	3.5	7.5	7	1,638	33	1.6	1.6	30
山形	1,099.5	13,252	2	6.0	12.1	3	3,925	3	3.9	3.6	4
福島	1,606.4	9,576	5	4.3	6.0	11	3,097	5	3.0	1.9	22
茨城	1,564.8	1,551	35	0.7	1.0	37	2,022	22	2.0	1.3	34
栃木	1,188.0	1,429	37	0.6	1.2	36	2,802	9	2.8	2.4	11
群馬	1,266.1	6,957	11	3.2	5.5	13	1,818	31	1.8	1.4	33
埼玉	1,546.5	2,900	24	1.3	1.9	32	1,968	25	1.9	1.3	35
千葉	1,556.6	1,037	42	0.5	0.7	40	1,111	45	1.1	0.7	41
東京	6,894.3	9,116	9	4.1	1.3	35	1,995	23	2.0	0.3	46
神奈川	2,017.0	1,013	43	0.5	0.5	44	575	47	0.6	0.3	47
新潟	2,064.5	9,361	7	4.3	4.5	17	3,290	4	3.2	1.6	29
富山	816.3	3,775	19	1.7	4.6	16	1,425	38	1.4	1.7	28
石川	763.8	4,463	16	2.0	5.8	12	2,808	8	2.8	3.7	3
福井	640.1	3,057	23	1.4	4.8	15	2,079	21	2.0	3.2	6
山梨	649.3	3,166	22	1.4	4.9	14	1,939	27	1.9	3.0	7
長野	1,695.3	31,264	1	14.2	18.4	1	6,595	1	6.5	3.9	2
岐阜	1,235.8	9,494	6	4.3	7.7	5	2,596	12	2.6	2.1	17
静岡	1,980.4	6,147	14	2.8	3.1	22	3,059	6	3.0	1.5	31
愛知	3,017.0	634	46	0.3	0.2	46	1,724	32	1.7	0.6	42
三重	1,175.0	2,753	27	1.2	2.3	25	1,309	42	1.3	1.1	37
滋賀	699.7	1,418	38	0.6	2.0	30	1,952	26	1.9	2.8	9
京都	1,705.3	93	47	0.0	0.1	47	1,354	40	1.3	0.8	39
大阪	4,597.3	2,030	31	0.9	0.4	45	2,125	19	2.1	0.5	44
兵庫	3,080.9	2,170	30	1.0	0.7	39	2,230	18	2.2	0.7	40
奈良	602.7	3,945	18	1.8	6.5	10	1,298	43	1.3	2.2	16
和歌山	854.6	1,272	40	0.6	1.5	34	1,877	28	1.8	2.2	13
鳥取	482.4	1,339	39	0.6	2.8	24	2,287	15	2.3	4.7	1
島根	742.2	1,507	36	0.7	2.0	29	1,528	35	1.5	2.1	18
岡山	1,318.1	2,898	25	1.3	2.2	27	2,888	7	2.8	2.2	14
広島	1,820.8	6,345	13	2.9	3.5	21	4,827	2	4.7	2.7	10
山口	1,236.2	3,763	20	1.7	3.0	23	2,745	10	2.7	2.2	12
徳島	716.9	1,243	41	0.6	1.7	33	2,082	20	2.0	2.9	8
香川	730.0	5,506	15	2.5	7.5	6	2,379	13	2.3	3.3	5
愛媛	1,162.5	2,200	29	1.0	1.9	31	2,325	14	2.3	2.0	19
高知	707.3	9,151	8	4.2	12.9	2	1,331	41	1.3	1.9	24
福岡	2,964.2	1,669	34	0.8	0.6	42	1,445	37	1.4	0.5	43
佐賀	684.8	2,800	26	1.3	4.1	20	1,500	36	1.5	2.2	15
長崎	1,328.1	747	44	0.3	0.6	43	1,403	39	1.4	1.1	38
熊本	1,358.0	9,979	4	4.5	7.3	8	2,701	11	2.7	2.0	20
大分	962.2	735	45	0.3	0.8	38	1,836	30	1.8	1.9	23
宮崎	823.9	1,769	33	0.8	2.1	28	1,613	34	1.6	2.0	21
鹿児島	1,557.6	3,432	21	1.6	2.2	26	2,268	16	2.2	1.5	32
沖縄	573.9	2,350	28	1.1	4.1	19	644	46	0.6	1.1	36

注：順は降順に基づく順番。

出典：『昭和国勢総攬』上巻（1980）34頁，満州開拓史復刊委員会企画編集『満州開拓史』増補再版（1980）464-465頁より作成。

窮乏という経済要因を渡満の主因としてきた従来の立場から、近年では、送出のメカニズムをより詳細に解明する方向へと変化した。

しかし、そうした意欲的な研究においても、満州農業移民送出のメカニズムを解く際に、主としてひとつの行政村に対象が限定されている。この方法では他町村との比較を欠きがちなため、移民の全体像を把握しづらく、経済要因を論じる際に充分な説得力をもちえない。言い換えれば、横断的な分析が不足しているために、事例村の経済的なありようが送出に関与するのか、客観的に判断しかねるのである。

事例村に特化した研究が蓄積されていく一方で、岡部牧夫は、長野県における満州農業移民を概説したうえで、県内各郡町村の「社会経済状態を分析すれば、なお多くが明らかになろう(7)」と早くから横断的分析の重要性を述べている。一九九〇年代になって、蘭信三は、府県単位での経済統計の横断的分析を行っている。これにより、送出分布が満州移民以前の海外移民の経験や過剰農家率といった一般的に考えられていた要因に規定されず、移民行政的要因が最も重要であることが明確となった(8)。しかし、実際の送出において、近隣町村が合同してひとつの開拓団を組織した分郷形式やひとつの村や町が送出母体となった分村形式が多くみられている以上、蘭自身が述べているように、経済要因の作用を確認するには、郡市や町村をまたぐ横断的分析が必要である。本書では、これらに応えるため四つの課題を設定した。

第一の課題として、送出分布と経済統計の整合性を考察する。その方法として、郡市間および郡内町村間の経済情勢を横断的に比較する。それにより、一行政村に焦点をあてた事例研究では論及しきれなかった分郷移民をも論証することが可能となる。分村や分郷は一九三七年以降の本格的移民期に主流となった移民形態である。農村の労働力不足の顕在化などにより村単位での移民が困難となるなかで、分郷移民が主流となっていったという経緯がある。したがって、国策化後の満州移民を総体的に捉えようとした場合、分郷移民を視野に入れることは不可欠である。本書は、最大の移民送出県であり、かつ豊富な事例研究の蓄積のある長野県について、郡市間分析、町村間分析、母村内戸数割賦課額の比較を通じて、満州農業移民送出における経済要因の再検討を行う。

第二の課題は、多くの論者が移民送出の重要な柱として挙げている「中心人物」・「中堅人物」について、満州農業移民における位置づけを明らかにすることである。長野県の場合も、移民計画の策定や実施には中心人物・中堅人物が非常に重要な役割を果たしている。長野県以外に目を向けると、山形県庄内開拓団の富樫直太郎（東田川郡大和《やまと》村）のように、自作農層（のちに実質的な小作農に転落）が計画から実際の渡満に至るまで一貫して中心的に活躍した事例が確認されている(9)。村内における送出構造の解明には、さらに広範囲で網羅的な類型化が必要であるが、残念ながら本書の射程をそこまで広げることはできない。

第三の課題は、青少年義勇軍についてである。「中心人物」・「中堅人物」という移民送出の直接的な推進者、いわば呼びかけ人の存在は、送出の背景を語るうえで重要であるが、義勇軍の送出においてその役割を担ったのは、教師であった。長野県の場合、信濃教育会が活発に義勇軍送出事業に参画しており、これを抜きにしては長野県の義勇軍送出の実態を明らかにできない。この点について長野県歴史教育者協議会編『満蒙開拓青少年義勇軍と信濃教育会』は、信濃教育会を義勇軍送出に明確に関連づけた点で高く評価される。その議論の特徴は、信濃教育会の「海外発展」思想の歴史を、同会が義勇軍送出事業に関与した背景として非常に重視している点にある。しかしそれゆえに、「長野県教員赤化事件」という戦前最大の教員弾圧事件と送出事業との関連には、ほとんど言及がない。一九三〇年代に起きたこの二つの出来事に関連は見出せるのか。信濃教育会が義勇軍の送出に重要な役割を担うこととなった背景を明らかにしたい。

第四の課題は、本格的送出が始まる直前の一九三〇年代前半における、農民運動と教員運動の展開と弾圧が満州農業移民の送出に与えた影響である。「中心人物」・「中堅人物」や教師といった存在が主要な送出要因であるのならば、そうさせた歴史的条件は何であったのかが問題となる。一見、一九三〇年代の農業恐慌を起点にして、「中堅人物」が整備された経済更生運動が起こり、それが満州農業移民へつながったというひとつの道筋が考えられる。しかし、農業恐慌は同時に社会的動揺を生み、それが小作争議に代表される農民運動や教員運動、そしてそれらの弾圧である二・四事件の源泉にもなった。長野県は、青年団の自主化運動に代表される自治的、ひいては左翼的運動が激しかった地域であり、昭和期に入り右翼的運動も盛んに行われている。昭和恐慌が窮乏を生み、それが満州農業移民の要因になったという従来の視点とは異なる、新たな視点を提示する。

さて、こうした四つの課題を念頭におきつつ、まず第一章では、長野県の対応を含む満州農業移民の概史を述べるとともに、長野県での送出事業の主体に焦点をあて、その歴史的前提を確認する。第二章では第一の課題および第二の課題を、第三章では第三の課題を、第四章では第四の課題を意識して論じる。

本書は、二〇〇五（平成一七）年九月に提出した博士論文「満州移民送出における民衆動員の過程と背景～最大送出県・長野県を事例として～」に大幅な加筆と修正を加え、完成させたものである。博士論文は二〇〇七年一月より、金沢大学附属中央図書館の事業の一環として、全文がｗｅｂ上で公開されている。公開よりすでに八年以上経ているいまなお多くの方々にダウンロードされ続けており、満州農業移民への関心の高さがうかがえる。しかしその一方で、博士論文特有のかたさのために、判りづらい、読みづらいという声も、直接・間接に、耳にした。こうした反応は、先に述べた反戦平和への願いが、いまなお根強いことを物語っているように思えてならない。

戦争が過去のものであり続けるために、先の大戦の経験に基づく反戦平和への希求は、更新され続けなければならないであろう。終戦七〇年を迎える二〇一五年に本書を上梓することが、たとえわずかであろうとも、戦争を見つめ直し、反戦平和への希求をさらなるものとするきっかけになればと考えている。

注

（1）「満州国」は、独立国家というよりも日本によって創り上げられた傀儡国家であるという認識などから、括弧つきで表記されるのが一般的である。中国において「偽満州国」と表現されていることも、これと同じ理由である。以後本書では括弧を取って表記するが、このような認識を否定するものではない。また、地域名としての満州は、地理的範囲が不明瞭であり、かつ日本の支配地域を指す概念でもあるため、その使用には配慮が必要である。本書では、当時そして今日の日本における満州という用語の定着性などを鑑みて、これを使用する。満州の概念については、塚瀬進『満洲国――「民族協和」の実像』（吉川弘文館、一九九八）第一章「満洲とは」を参照されたい。

（2）満州で暮らした日本人については、塚瀬進『満洲の日本人』（吉川弘文館、二〇〇四）を参照されたい。

（3）呼称については、陳野守正『先生、忘れないで！――「満州」に送られた子どもたち』（梨の木舎、一九八八）に詳しく述べられている。

（4）元石川県送出義勇隊員からの著者聞き取り（二〇〇二年七月七日、石川県辰口町たがわ龍泉閣にて）。

（5）世界恐慌が波及する以前から、日本経済は恐慌状態にあった。昭和に改元された約三ヵ月後の一九二七年三月に金融恐慌が、二九年後半に金本位制復帰のための解禁恐慌が発生していた。広義に捉えると金融恐慌以降の経済状態を指すこともあるが、本書では世界恐慌の波及により深刻化した恐慌を昭和恐慌としている。

（6）満州移民史研究会編『日本帝国主義下の満州移民』（龍溪書舎、一九七六）、ⅱ頁。

（7）岡部牧夫「満州農業移民政策の展開――長野県を例にして」藤原彰・野沢豊編『日本ファシズムと東アジア』（青木書店、一九七七）、一五七頁。

（8）蘭信三『「満州移民」の歴史社会学』（行路社、一九九四）。

（9）詳細は、森武麿「満州移民――帝国の裾野」歴史科学協議会編『歴史が動く時――人間とその時代』（青木書店、二〇〇一）を参照。

第1章

満州農業移民の展開と長野県

「五族協和」を理念とした満州国。一般的には日・朝・漢・満・蒙だが，少なからぬ白系ロシア人も居住していた。(「民族協和の国」『満洲グラフ』8－1（66），1940)

出典：財団法人 満鉄会監修『満洲グラフ』第8巻（ゆまに書房，2009）6－7頁

この章には、次の二つの狙いがある。ひとつは、全国的な満州農業移民展開の質的変化に即して設定した時期区分に沿って、長野県における事例を適宜加えながら概説することである。次章以下での検討事項を予示しながら、満州農業移民送出の政策意図の変遷を確認するとともに、移民をめぐる環境の変化が満州移民事業に与えた影響および戦後の満州移民史の展開とその問題点を整理する。もうひとつは、長野県において一般開拓団および青少年義勇軍それぞれの送出で中核的役割を担った主体について、こうした役割を担うまでに至った経緯を論じることである。

一　満州農業移民の時期的展開

満州農業移民の歴史は、これまで一九四五（昭和二〇）年を終了点として、いくつかに時期区分されてきた。そのうち多くの研究で継承されているのは、満州移民史研究会編『日本帝国主義下の満州移民』による三区分である。これは移民政策および移民数の推移を指標として、満州移民を一九三一年から三五年までの「試験移民期」、二・二六事件が発生した三六年を過渡期として、三七年から四一年までの「本格的移民期」、四二年から四五年までの「移民崩壊期」の三期に区分するものである。しかし、満州農業移民の問題は、一九四五年では終了せず、残留邦人問題や「逃避行」のほかにも、シベリア抑留、帰国後の国内再入植問題など、戦後に多くの課題を残した。NPO法人中国帰国者の会が、現在も活発な活動をしていることは、そのひとつの証左である(1)。したがって、ここでは先の三区分に加え、一九四五年から現在に至るまでを「戦後期」として設定し、長野県満州農業移民史を振り返ってみたい。

なお、試験移民期以前にも、中国東北部に向けて満州農業移民の先駆けともいえる移民が実施されていた。なかでも、大正初期の愛川村移民は、提唱者の福島安正が長野県松本市の出身であったこと、長野県からの参加もあったことなど、この移民前史と長野県移民史は無縁ではない。福島は一八九二年から九三年にかけてロシア・シベリアを日本で初めて単騎横断した。そのときにみたであろう広大な大地の記憶が、一九一二年関東都督(2)に就任した際に呼び起こされ、食糧問題解決のための大陸移民という発想に繋がったのかもしれない。しかし、その後の十数年の間、長野県からの移民の対象地はアメリカやブラジルなどに移り、長野県と満州農業移民の関係は一旦途絶した。

試験移民の実施（一九三二年〜一九三五年）

日清・日露戦争以降、拡大強化されていく大陸における権益は、やがて満州や内蒙古のいわゆる満蒙地方を日本の生命線とする「満蒙特殊権益論」を生み出し、満州支配が正当化されていった。「満蒙特殊権益論」を基盤とする満州支配の正当化は、その後の長野県において満州大量移民が実現するうえでの重要なポイントであり、これについては次章で改めて言及する。

一九三一年九月の柳条湖事件により満州事変が始まると、関東軍は三二年の初頭までに満州全域をほぼ占領し、同年三月一日には満州国建国が宣言された。これ以後、満州現地側の関東軍と内地側の拓務省(3)それぞれで、満州への日本人移民の検討が始まった。大まかにいえば、関東軍の移民案は、東宮《とう》《みやかね》鉄男《お》を中心に、移民の最大の役割を治安維持に置いており、拓務省のそれは、加藤完治を中心に、移民を農村窮乏の打開策として位置づけていた。それぞれ別個に計画されていた移民案は、結局一九三二年七月に内地側の移民推進論者である加藤と、石原莞爾《かんじ》(4)や東宮など現地側の移民推進論者の会談を経て、ひとつの案に結合されたのであった。

一方、一九三二年五月、五・一五事件をうけて第二次犬養内閣が総辞職したことにともない、移民国策化に反対していた高橋是清は大蔵大臣を辞任し、代わって組閣された斎藤実内閣には、「大アジア主義者」の永井柳太郎が拓務大臣として入閣した。

この頃の経済情勢に目を向けると、一九二九年に発生した世界恐慌が、三〇年に入ると農村経済を直撃していた（昭和恐慌）。未曾有の不況に農家が巻き込まれるなかで、満州移民を視野に入れた農村救済請願運動が展開され、第六二回帝国議会に対する三ヵ条請願（①農家負債措置、②肥料資金補助、③満州移住費補助）、第六三回帝国議会（一九三二年、「救農議会」(5)）に対する五ヵ条請願（三ヵ条請願を修正・具体化したもの）が、多くの署名を集めて提出された。深刻化する農村経済の状況は、小作貧農層に最も深刻な打撃を与え、小作争議が増大していった。これに対して、貧農層の労賃収入補塡を主目的とした時局匡救《きょうきゅう》事業が展開されたものの、軍事費支出増による財政圧迫の影響により継続が見送られた。こうして農村経済の立て直しは、「自力更生」を謳う経済更生運動の展開に委ねられることとなったのである。

二度にわたり閣議で承認されなかった拓務省提出の満州移民案は、移民案の結合と政治的環境の整備、農家経済の不況が大きな要因となり、一九三二年八月三〇日ついに議会を通過した。そして、同年一〇月の第一次移民である弥栄《いやさか》村開拓団の渡満を皮切りに、以後、三五年の第四次移民まで試験移民が展開していった。

さて、試験移民の実施に、長野県は早くから対応していた。拓務省拓務局東亜課編『満洲農業移民概況』によると、長野県からの入植者は、全一、三九九人中一四四人であり、これは山形・宮城・福島・新潟に次いで五番目に多い(6)。その後も入植が続き、最終的にこの試験移民期には、長野県民が五つの開拓団に加わり、その員数は一七四戸、七九〇人に達した。

こうした長野県の素早い対応を可能にした背景には、まず第一に試験移民期以前に設立された諸機関により、移民事業の経験が積まれていたことが挙げられる。大正年間におけるブラジル移民など海外移民の実施に中核的役割を果たした信濃海外協会は、機関誌『海の外』でいち早く満蒙に着目していた。また、青少年義勇軍の送出で中核的役割を果たすことになる信濃教育会でも、従来から展開していた海外発展運動の矛先を満蒙に向けることを決定し、一九三三年七月に満蒙研究室を常設し満州移民研究に本格的に着手していた。他方、全国的機関をみると、内地における移民事業の促進体として満州移住協会が設立されたのは一九三五年一一月になってからであり、現地側における移民助成機関として満州拓殖株式会社が設立されたのは同年一二月であった。すでにこのとき、長野県では信濃海外協会や信濃教育会などが移民に向けて盛んに活動を展開しており、満州移民事業に即応することが可能であったのである。なお、信濃教育会およびそれと義勇軍の関係については、第三章で詳しく考察する。

また第二に、長野県の経済状況も、試験移民期における移民送出の重要な背景として挙げられる。先述したように、満州移民事業が立案された内地側の背景には、農村の窮乏があった。一九二六年以

表1－1　長野県生産価額の推移

年	生産総価額		農産生産価額		蚕繭糸生産価額	
	（千円）	指数	（千円）	指数	（千円）	指数
1925	525,037	100	79,739	100	382,613	100
26	443,561	84	62,942	79	323,125	84
27	373,093	71	55,943	70	267,220	70
28	389,312	74	54,220	68	279,654	73
29	423,802	81	53,437	67	314,311	82
30	249,174	47	37,251	47	169,821	44
31	200,479	38	32,820	41	132,648	35
32	208,988	40	38,894	49	133,105	35
33	251,086	48	47,389	59	161,382	42
34	199,671	38	46,780	59	106,147	28
35	244,405	47	51,269	64	144,052	38
36	273,999	52	62,989	79	154,198	40
37	297,391	57	68,871	86	160,189	42
38	331,496	63	74,467	93	172,425	45
39	682,708	130	110,399	138	330,496	86
40	741,211	141	112,737	141	339,820	89

注：生産価額は千円未満を四捨五入した。
出典：『長野県統計書』各年版より作成。

降、農村経済は不況状態にあり、一九二九年に発生した世界大恐慌が翌年に日本経済に波及したことがそれに追い打ちをかけた（昭和恐慌）。ニューヨーク市場の株価暴落を契機とする世界大恐慌は、当然ながらアメリカ経済に甚大な影響を与えた。そのアメリカが生糸の最大の輸出先であったため、生糸価格も暴落し、蚕繭糸《さんけんし》業[7]に深く依存する長野県経済に深刻なダメージを与えた。一九二五年に五億二五〇四万円であった生産総価額は、三〇年には二億四九一七万円と半分以下に減少し、蚕繭糸生産価額はそれ以上の下落を示した（表1－1）。農村では学校に弁当を持参できない欠食児童が多く出るなど、極度に疲弊した状態に追い込まれた。農村救済請願運動における五ヵ条請願では、長野県が最多の署名を集め、救農議会に対する要求を掲げた[8]。長野県における農村経済の低迷は、不況対策としての満州移民事業に県民が動員されるうえで重要な経済的前提を形成したのである。

移民事業の大規模化（一九三七年〜一九四一年）

一九三六（昭和一一）年、東京で陸軍によるクーデター事件（二・二六事件）が起き、岡田啓介内閣が倒れた。その後組閣された広田弘毅《こうき》内閣により決定された七大国策一四項目のなかに、対満重要策の確立として移民事業が挙げられ、ここに満州移民は名実ともに国策となった。広田内閣成立の契機となったという点で、二・二六事件は満州移民の展開にとっても重要であるが、それと同様に、岡田内閣の蔵相高橋是清が事件により殺害されたことも見逃してはならない。これについて、加藤完治のブレーンの一人である橋本伝左衛門は、次のように述べている。

> 高橋翁は或る意味で国家の大黒柱でありまして、之が斃〔たお〕れたのは金融財政の方面から言へば非常な損失であります。しかし満州移民事業には高橋さんは大なる障壁でありました。本人は善意であつても、結果は国家の進運を阻害することがある。彼は偉い人ではあつたが、移民の方ではトーチカのやうなものであつた。ところがあの不幸な事件の為にこのトーチカがなくなつてしまひました。それで後は移民事業に対する障害がなくなつてスラスラ進んできたのである。〔傍点——引用者〕(9)

橋本は、「大なる障壁」「トーチカ」と同義の言葉を繰り返し、高橋の遭難を移民事業の推進上歓迎すべき事柄でもあるかのように評価している。事件による高橋の死は、満州移民事業の本格化に有利な条件を作り出したといえる。そして、事件により軍部が飛躍的に発言力を強化したことを背景に、関東軍作成の「満州農業移民百万戸移住計画案」は、広田内閣の国策「二十ヵ年百万戸送出計画」に結実し、同計画の実現に向けた第一期五ヵ年十万戸送出計画が始まり、満州農業移民は本格移民期を迎えた。

この時期に長野県が関与した開拓団は、三五団を数える。試験移民期の五団、移民崩壊期の二三団と比べ、長野県においても、この期間に設立された開拓団が最も多い。この大量送出には、分村移民や分郷移民といった方策が多くとられた。ここで満州農業移民を送出形態別に整理しておく。

自由移民…本格的移民期までの移民団は、ほぼこの形態。個人単位で渡満者が募られた。したがって、組織的な取り組みにより移民を大量に送出するには不向きであった。

分村移民…ひとつの村や町が主たる送出母体となって移民を送り出す方式。一九三八年二月に入植した南佐久郡大日向《おおひなた》村の移民団はその初期の例。

分郷移民…近隣町村が合同してひとつの開拓団を組織したもの。山形県庄内地方の東田川郡・西田川郡・飽海《あくみ》郡の三郡合同で組織された開拓団が、全国最初の例。

大日向村は、分村移民の典型例として当時大いに喧伝され、全国から視察者が相次いで大日向村を訪問した。こうした分村や分郷の動きは、農村不況対策として農林省の特別助成をうけることで大いに促進された。そして、大日向村の分村運動に触発される形で、長野県各地において分村・分郷計画が実施され、多くの県民が満州へ渡ったのである。

この一方で、移民に関する長野県行政機構も整備されていった。一九三六年に学務部職業課が新設され、四一年一月には拓務課として格上げされた。農会や産業組合、青年団体など既存の民間諸団体も移民送出に積極的に関与し、信濃教育会は移植民教育を研究・充実させるなど、官民一体の全県的な移民運動が盛り上がっていった。この結果、三五団にのぼる本格移民期の長野県送出開拓団には、終戦時に二万人以上の人員が在籍したのである。

また、青少年義勇軍が創設されたのもこの時期にあたる。義勇軍は、関東軍の予備兵力として、ソ連と満州の国境付近に配置されており、一般開拓団以上に軍事的役割が重視されていたといえる。長野県では、信濃教育会の義勇軍送出に果たす役割が次第に大きくなり、結果として全国最多の義勇軍送出県となった。

一般開拓団や青少年義勇軍には、若い独身男子が数多く含まれていた。移民事業が年次を重ねるにつれ、渡満者数も増加し、彼らの結婚が課題として浮かび上がる。そのため「大陸の花嫁」と呼ばれた女性たちもまた、満州農業移民事業に動員されていった。一九四〇年九月、長野県では全国に先駆けて、開拓団員や義勇隊員の配偶者養成を目的とした桔梗《ききょう》ヶ原女子拓務訓練所が設立された。桔梗ヶ原訓練所設立の背景には、蚕繭糸業の衰退により農村女子の就業機会が大量に失われたこともあるが、何よりも、多くの開拓団員・義勇隊員を抱える長野県にとっては、「花嫁」不足が移民事業継続の障害になると思われたためである。

本格移民期に大量の移民送出を実現した長野県だが、他方でこの時期、本来移民事業のひとつの前提であった昭和恐慌で農村が被った痛手は、回復へと転じていたことに注意しなければならない。ここでもう一度表1-1をみると、長野県の生産総価額は、一九三四年に最低の約二億円を記録したのち、着実に回復している。農業の生産価額は一九三一年の三二八万円が最低値であるので、長野県経済の回復が三四年まで遅れた主因は、最大産業である蚕繭糸業の回復の遅れにある。しかしそれでもなお、恐慌は三四年が底であり、その後の長野県経済は、回復傾向を示している。そして、戦時インフレの影響はあるものの一九三九年には不況以前の水準を超え、徴兵・徴用が相次いだこともあって、農村は一転して労働力不足の状況となった。また、それまで長野県の産業を牽引してきた蚕繭糸業は、一九三九年になっても以前の水準を回復していないが、これは化学繊維(人絹糸、レーヨン)への転換が同時期に始まっていたことを原因としている。ともあれ、本格移民期が、農村を含む経済が回復傾向にあるなかで展開していたことは、満州移民の送出要因、ひいては満州移民の性格を考えるうえで、重要な意味をもつ。すなわち、もはや農家の過剰人口を前提とした大量の移民送出は、困難になりつつあったが、それでも、大陸政策上の理由から満州移民は要求され続け、こうしたなかで本来農業とは無縁の商工業者を中心にした転業帰農の移民形態が実施されはじめたからだ。長野県においても、歓喜嶺《かんきれい》佐久郷開拓団が県初の転業移民団として組織され、一九四一年二月に入植している。本格移民期の末期にはすでに、満州農業移民事業は、崩壊の兆しをみせはじめていた。

事業の行き詰まりと崩壊(一九四二年~一九四五年)

一九四二(昭和一七)年一月六日、第一期計画が四一年をもって終了することをうけて、「二十ヵ年百万戸送出計画」のもとでの移民事業継続のため、開拓移民二二万戸と青少年義勇軍一二万人の送出を柱とする満州開拓第二期五ヵ年計画が日本・満州両国政府より発表された。しかし、満州農業移民を取り巻く環境は、大きく様変わりしていた。戦争の拡大は、一方でそれぞれ大量に、兵員の確保や軍需産業への労働者供給を必要とし、他方では農産物の増産を要請した。農村は完全に人手不足の状態に陥り、農村の余剰人員を主軸としていた満州農業移民の継続は、著しく困難になっていった。また、開拓団員の招集が相次いだこともあり、既存の開拓村においても人員が不足し、開拓団を新たに創設するよりも補充的な入植が主要な入植形態となっていた。このように行き詰まりをみせはじめた一般開拓団に代わって、多くの青少年が義勇軍として満州へ送られていった。

長野県においても、一般開拓団の送出が行き詰まりをみせはじめ、それに代わる形で青少年義勇軍が送出されたという構図は同じであった。一〇〇戸以上を抱える開拓団はほとんどなくなり、そのなかで転業移民が増えている。環境の変化により移民送出が困難になっていったという状況が、長野県でも同様であったことをこのことは反映している。政府の第二期計画発表よりも早い一九四一年四月、県は独自に策定した開拓団一三、五〇〇戸、義勇軍六、〇〇〇人の送出を柱とする第二期の移民計画を発表し、このほかにも、開拓団編成完遂強化運動の展開や、現地に開拓事務所を設置するなどして、移民計画の遂行への努力を重ねた。しかし、こうした行政の努力にもかかわらず、開拓団の送出は低下していった。送出の不振に危機感を抱いた長野県拓務課長の塩沢治雄は、記者団に同行した満州視察の結論のなかで、満州の資源確保と生産拡充を焦眉の急と捉えて、「好むと好まざるとに拘はらず送りださなければならぬ開拓民」の送出は、「強制送出であつて良い」とすら述べている(10)。また、県下最大の送出郡であった下伊那郡ですら、

戦局ノ進展ニ伴ヒ　規定計画ノ遂行ハ不可能ト認メラルルヲ以テ　目下計画中ノ新規分郷分村ニ依ル新団編成ハ総テ中止シ　茲〔ここ〕ニ戦時中ハ　目下建設着手中ノ開拓地建設ニ支障ナキ程度ノ最小限度ノ計画ニ縮小(11)

することを表明している。すなわち、戦局の進展（実態は拡大と悪化）が、新規の移民団送出をすべて中止させ、すでに実行に移されている移民を最小限度にまで縮小する事態を招いていたのである。現地開拓村の人員不足を補うために、母村から勤労奉仕隊や食糧増産隊などが派遣されたが、対処療法に過ぎず、移民事業不振の根本的解決にはならなかった。結局、一般開拓団の送出は、目標の一割にも届かないものとなった。一方、義勇軍の送出事業は、信濃教育会の活動もあり、終戦直前まで多くの青少年を満州に送り続けていた。しかし、そうした義勇軍の送出をもってしても、第二期移民計画の目標充足には遠く及ばなかった。このように、ソ連侵攻による満州国の崩壊により終焉を迎える以前から、満州農業移民は実質的に崩壊していたのである。

一九四五年八月九日、前日に対日宣戦布告をしたソ連は満州への侵攻を開始した。ソ連軍と対峙するはずの関東軍は、主力が南方に派遣されていたこともあって、すでに満州を維持するだけの能力を失っていた。関東軍による「根こそぎ動員」により満州各地の開拓村には壮年男子がおらず、老人や女性・子供が残されていた。彼らは、村を捨て日本内地をめざして数百キロメートルにものぼる行程を、ソ連軍や在地中国人たちの襲撃に怯えながら、逃げなければならなかったのである。そこに軍の援護はほとんどなかった。それどころか、「先に逃げていたはずの開拓民をいつの間にか追い越していた」[12]という事態まで生じた。

満州国崩壊にともなう開拓団の消滅は、満州移民のひとつの性格を浮き彫りにしている。ブラジルなど戦前に行われていた他の移民は、確かに戦争により思いもしない惨禍に巻き込まれはしたが、移民そのものが消滅することはなかった。今日でもブラジルには日系社会が存続している。しかし、満州移民は、満州国崩壊とともに姿を消した。満州開拓は日本の大陸侵略を前提にして成立していたのであり、満州の大地そのものに根を張ったものではなかったのである。また、多くの開拓民は、開拓村設立時や営農時におけるさまざまな搾取によって現地中国人たちの怨嗟《えんさ》の的となっており、これが逃避行を一層困難なものにした[13]。「五族協和」を具現化するはずの開拓民たちは、その理念が空疎なものでしかなかったことを身をもって体感させられたのである。

義勇隊員などを除く長野県送出開拓民三五、七八二人のうち日本に帰還できたのは、半数に満たない一一、五八六人であった。

満州農業移民の戦後（一九四六年～現在）

満州各地から逃げ延びてきた多くの開拓民は大陸で越冬した。彼らが日本に帰還したのは一九四六（昭和二一）年以降であり、この年だけでも開拓民を含む約一〇〇万人が帰還を果たした[14]。このことが「（昭和）二十一年に引揚げが一応完了した」[15]という評価に繋がる。しかし一方で、この頃はまだ多くの日本人が大陸に残留しており、その後も少なくない日本人が諸般の事情から帰還できなかった。彼らは「中国残留邦人」と総称されてはいるが、「残留」が必ずしも個人の意志に基づいたものではないことは、明記しておく必要がある。

一方で、帰還を果たした開拓民にも、困難な状況が待ち構えていた。兵士などが帰還した農村は多くの余剰人口を抱えることとなり、財産を処分して渡満し帰還後の生活基盤を失っていた大半の開拓民は、再び母村に定着することが困難であった。なかには「いい目に遭おうと思って、満州へ行ったがやろ(16)」という冷たい視線にさらされた元移民もいたのである。そのため、国内外への再開拓に赴くなど、母村に留まれなかった移民も多数にのぼった。

政府は開拓民の援護救済対策のため、外務省管理局に在外邦人部開拓民課を設立、のちに開拓民課を農林省に移管した。移民事業を管轄していた大東亜省満州事務局の業務が最終的に農林省の管轄となったのは、元開拓民救済策の主眼が再入植に置かれていたことを裏づける。長野県では、民生部厚生課が主管となり、各種の支援行政にあたった。最大の移民送出県であった長野県では、比較的手厚い各種援護行政が展開された。とはいえ、開拓農業組合二〇五組合中八三%は高冷地への再入植を余儀なくされ、元開拓民の生活再建は、膨大な労苦と資金を必要とした(17)。例えば、旧大日向開拓団の生還者のうち七〇戸は、北佐久郡軽井沢町の浅間山麓に入植し、一九四七年二月以降その地の開拓に従事して今日に至っている(18)。

また、中国との国交が回復した一九七二年以降、「残留孤児」の肉親捜しや、彼らを含めた「残留邦人」の一時帰国・永住帰国が本格化した。それに先だって長野県では、阿智《あち》村長岳寺《ちょうがくじ》の住職で、かつて教員として阿智村開拓団の一員に加わっていた山本慈昭が、一九六〇年代中頃から肉親捜しをはじめている。彼の活動は、国交正常化を契機に大きな反響を呼びはじめ、厚生省による肉親捜しの事業化に繋がったといえる。

「残留邦人」の帰国定住促進事業は今日に至るまで続いているが、言葉の壁・孤独・生活苦・地域社会からの孤立など、帰国者が置かれている環境は、決して良好とはいえない。中国帰国者定住支援センターの係官と思われる人物が、帰国者たちへ以下のような説明をしている。「日本に行けば国が面倒をみてくれるという甘い幻想を捨て、自力更生に励むという心掛けが大事です[19]」と。「自力更生」は、一九三〇年代に展開した官製国民運動である経済更生運動のスローガンであった。村単位での満州農業移民計画の多くは、更生運動で立案された経済更生計画に盛り込まれたのが始まりであった。まったく同じ言説が、満州農業移民であった帰国残留邦人に向けられているのは、残酷な皮肉というほかない。

こうした帰国者の生活難に対応すべく、国としてもある程度の施策は行っている。当時の厚生省が帰国者の「身元引受人制度」を制定（一九八五年三月）したり、「中国残留邦人等の円滑な帰国の促進及び永住帰国後の自立の支援に関する法律」が制定（九四年四月）されている。

しかしなお、国の対策が充分行き届いたものではなかったため、ついには帰国者らが各地で国家賠償請求を起こす事態にまで至っている。最高裁第一小法廷は、二〇〇九年二月一二日、「中国残留婦人」等の国家賠償請求訴訟について、「上告棄却」との決定を下した。裁判長が上告を受理すべきという少数意見を付しているとはいえ、現行の体制では、帰国者支援が行き届かない現実を示しているといえよう。

帰国者の生活難は、今日の一般的な貧困問題と同様に、それが次世代へと受け継がれてしまうおそれが高い。このようにみれば、満州農業移民の歴史は、今日なお終わっていないどころか、次世代にもその問題を遺して引き継がれていくことになろう。

これとは別に、満州農業移民に限らず近代史一般に共通してではあるが、記憶の風化もまた今日的課題である。長野県内に限ってみても、今世紀に入ってから、「満蒙開拓を語りつぐ会」（飯田市）による聞き取り調査や、「満蒙開拓青少年義勇軍シンポジウム実行委員会」（松本市）によるシンポジウムの開催など、記憶の風化に対して、各地で継続的な活動が行われている。また二〇一三年四月に山本慈昭ゆかりの長岳寺の隣接地に満蒙開拓平和記念館が開館し、決して交通アクセスが良好ではない立地ながらも、開館一年で三万人を超える来館者を集めた。これらのことは、満州農業移民の歴史が、長野県の近現代史を語るうえで避けて通ることのできない事柄であると同時に、多くの人びとに、忘れてはならない歴史として強く認識されていることを示している。

二　一般開拓団の送出と経済更生運動

昭和恐慌と経済更生運動

昭和恐慌は、満州農業移民の送出を考えるうえで、避けて論じることのできない大きな事柄である。まずその理由を、前節で述べた内容と一部重複するが、ここで整理したい。

国レベルでみると、昭和恐慌が農村に深刻な影響を与え、これが加藤完治ら内地側の論理として提唱された農村救済策としての満州農業移民の実現へと繋がる。満州農業移民が昭和恐慌という経済的窮乏を前提として展開していることは、「貧しさゆえに満州へ行った」という一般的理解をより強固にするといえよう。逆に、昭和恐慌による深刻な国家財政への影響が、高橋是清大蔵大臣をして本格的な満州移民実施を躊躇させていたことも無視できない。前節で紹介した「トーチカ扱い」の源流が昭和恐慌にある。

一方、地域とりわけ農村レベルでみても、昭和恐慌は大きな意味をもっている。昭和恐慌の対策として官製国民運動という形で広がった経済更生運動が、二重の意味で満州農業移民の送出に関わっているためである。[20] 農村における満州農業移民計画が、少なからず更生運動のなかから立案されたことがその第一であるが、それ以上に本書では、農村において満州農業移民実施の中核的役割を担った人びとが、この運動によって準備されたことを重視したい。また、更生運動との直接的な繋がりをもたないが、教育の面でも昭和恐慌は満州農業移民との繋がりをもっている。詳細は第三章で述べるので、ここでは昭和恐慌のなかで顕在化した欠食児童の存在や教員給強制寄付問題が、一部の教員に現状（現体制）に対する疑問をもたげさせたことを指摘するに留めておく。

では、経済更生運動がどのような内実をもっていたのか、その歴史的経緯とともに簡単にまとめておく。

経済更生運動は、第六三回帝国議会における農村経済更生施設予算の成立、農林省における経済更生部の設置を経て、一九三二（昭和七）年一〇月の農山漁村経済更生計画助成規則の制定によってスタートした。第六三回帝国議会が「救農議会」と呼ばれる一因がここにある。農村の救済を目的とした点で、並行して進められていた時局匡救事業と同じであるが、時局匡救事業が財政支出を財源として農民に現金収入を与えることを手段としたのに対し、更生運動は「自力更生」を主眼に据えていた。まず県単位で経済更生計画指定村の選定がなされ、その指定を受けた町村は、それぞれ経済更生計画委員会を組織して更生計画を樹立し、その計画を県の更生委員会に提出した。

国と同様に、あるいはそれ以上に、町村財政は困窮していた。日本各地に残されている経済更生計画をみれば、ほぼ必ず経費削減を採り入れていることは、それを最も端的に示している。農村経済の立て直しのため農業生産を増進させる道も模索されてはいるが、その主要な柱である農地拡大には農村の財政的困窮が立ちはだかる。そこで余剰人員を村外へと送り出すという、いわば伝統的な手法が計画に盛り込まれる。

これに加えて、一九三〇年代前半は、満州事変および満州国建国によって、満州が急速にクローズアップされていた時代でもある。それまで移民の送出先であった北米や南米、ハワイは、明らかに日本の勢力圏外である。それに比べ、いかに現在の日本人にイメージしがたくとも、確たる存在としての大日本帝国に住む人々にとってみれば、満州が勢力圏内であることは自明であった。このような経緯をみれば、満州への移民を視野に入れた経済更生計画が各町村で立案されたのは、むしろ自然の流れであったといえよう。実際に、長野県内の多くの更生計画には、満州への移民が盛り込まれていくのである。

さて、経済更生運動の歴史的評価としては、昭和恐慌対策としてみた場合にその効果が疑問視されているが、少なくとも国民の統合には大きく寄与したとされている。満州移民との関わりを考慮すると、国民統合という機能に焦点をあてるべきである。

経済更生運動と「中心人物」・「中堅人物」

そこで国民統合としての経済更生運動において、長野県大日向村の事例をもとに、村内での運動の展開に重要な役割を果たした階層を確認しておこう。

大日向村を典型として、長野県の場合、移民計画の策定や実施には、村長をはじめ村政の中核を担っていた層である「中心人物」が重要な役割を果たした。戦前の日本において、町村レベルの行政を担ったのは地方名望家であるため、中心人物の多くは、地方名望家であったといえる。ただし名望家には、政治・行政のみならず、パトロンとして学術や芸術方面、さらには広く社会貢献事業の活動も認められる。なお本書は、村政の中核を担った中心人物を名望家層として捉えるが、こうした名望家の多義性を否定する意図はない。[21][22]

これに対して「中堅人物」（ないしは「農村中堅人物」）は、官製運動である経済更生運動によって制度的に準備され、村内の経済構造でみれば中下層に位置する人物が多い。ただしこの理解をめぐっては、諸説あるのが現状である。中堅人物の基盤を、例えば森武麿は、自作中堅・自小作上層に求める。これに対して高橋泰隆は、中堅人物の基盤には一般的に理解される自作農以外にも、①行政機構、②産業組合・農会、③学校・青年団・婦人組織、④軍人会の四系列があるとする。[23][24]

「中心人物」と「中堅人物」の役割について、大門正克は、経済更生運動において「中心人物の活動を受けとめ、部落レベルで更生運動を実践する人物として設定されたのが中堅人物であった」という村内構造を説く。そしてこの構造は、次章で確認するが、一般開拓団送出事業においても大きな違いがない。[25]

農村における階層対立という側面のある小作争議は、全国的にみて一九二〇年代と三〇年代に二つのピークがあった。農村内部の構造が段階的に変容していたとはいえ、そして三〇年代の小作争議が一般的に地主側攻勢の様相をもっていたとはいえ、地主—自作—小作という基本的な対立構造が失われたわけではない。経済更生運動が末端にまで浸透するには、地主層と重複部分が多い名望家層のみならず、その下の階層から「中堅人物」[26]を析出し運動主体として取り込む必要性があった。

大日向村の分村は、村長・産業組合長・農会長・学校長からなる「四本柱会議」で移民計画が発案されたことに端を発する。しかし実務面は、産業組合専務理事であり「貧困層のエース」[27]とみられた堀川清躬《きよみ》に託され、堀川が開拓団長として開拓団員の勧誘などに活躍した。このように、分村計画の立案・推進には、二層構造が機能していたといえる。したがって本書では、村内各層を包摂している高橋の「中堅人物」定義と異なり、あえて「中心人物」と「中堅人物」を区別し、それぞれを以下のように捉える。

中心人物…従来から村政の中核を担ってきた層[28]。満州移民においては、おもに計画の立案を担う。
中堅人物…経済更生運動によって養成された自作中堅・自小作上層。満州移民においては、おもに計画の実施を担う。

つまり経済更生運動は、「中心人物」や「中堅人物」を通じて、国家の意志を国民の大多数を占める農民に浸透させる機構を作り上げたのである。これに従えば、経済更生計画の樹立件数は、社会の統合の進展を図るもの差しにもなりうる。もちろん、実態を検証せずに、計画樹立件数という表層的なことのみで結論を出すのは乱暴すぎる。しかし、長野県の更生計画の樹立件数が全国最多であることは、間違いない事実である。農林省経済厚生部は、一九三九（昭和一四）年三月に、三二年度から三八年度にかけて更生計画を樹立した町村の名簿を公表している[29]。これによると、長野県の更生計画樹立町村は、農村・林村・漁村の合計で三六三町村を数える（二番目に多い千葉県で三四〇町村）。さらに農村に限ってみれば、三三〇町村もの樹立件数は、二番目に多い千葉県の二二〇町村を大きく引き離している。ここでは仮説として、長野県では、国策である満州農業移民が深く浸透する土壌のひとつが、更生運動の展開によって形成されたのではないかと指摘しておく。さらにその土壌は、ある事柄によって強化されたと考えられるが、この点については第四章で考察したい。また、中心人物である浅川武磨や中堅人物である堀川が大日向分村でどのような役割を果たしたのかについては、次章で確認する。

三　長野県教育界における信濃教育会

一般開拓団とならび満州農業移民を構成したもうひとつの柱が、青少年義勇軍であった。本書はこの送出主体として信濃教育会という組織に焦点をあてる。

信濃教育会とはどのような組織であるのか。公益社団法人である同会の公式ＨＰの言葉をそのまま借りれば、「「同士結合して我邦教育の普及改良、向上を目的に」明治一九年に創立された長野県の教職員で組織する自主的自発的な職能団体」である。[30]

教育会を名乗る団体は戦前の日本各地で組織され、全国組織である帝国教育会[31]との連携をもった。戦後、帝国教育会が日本教職員組合の発足をうける形で解散したように、各地の教育会の多くも同様の経過をたどり現存していない。しかし信濃教育会は、戦後改革期の混乱を乗り越え、長野県教職員組合と併存しつつ、また県下各地の郡市教育会と連携を保ちつつ今日に至っている。信濃教育会発行の雑誌『信濃教育』は、発足直後の一八八六（明治一九）年一〇月から現在まで刊行が続いており、同会によると日本一長寿の月刊誌である。それが事実かどうか確認する術はないが、長い刊行の歴史をもつ『信濃教育』が貴重な資料であること、そして信濃教育会が長野県教育界の重要な構成要素であり続けてきたことに疑念を挟む余地はない。

青少年義勇軍の送出と信濃教育会の関係を論じたものとして、長野県歴史教育者協議会編『満蒙開拓青少年義勇軍と信濃教育会』が画期的業績として評価される。同書は信濃教育会の「海外発展」思想を重視するとともに、一九三三年の「長野県教員赤化事件」を信濃教育会が義勇軍送出に傾斜した背景と捉えている。このため、これらを第三章で具体的に論じる前に、本節ではまず、信濃教育会の「自主化」の実態および大正自由教育期の教員受難事件への同会の対応の二点に焦点をあて、「長野県教員赤化事件」に至るまでの信濃教育会の姿を追ってみたい。

信濃教育会の「自主化」

「大正デモクラシー」の時期には、行政のくびきから脱するべく運動を展開していく団体・組織が数多く確認できる。その最たる例は、青年団自主化運動である。こうした文脈で自主化を論じる場合、団体や組織の自主化は、財政面と人事面で測ることができる。信濃教育会に即していえば、教員経験をもたない県や郡市などの行政官を会役員から排除すること、行政からの補助金に依存しない会財政を確立することが自主化の達成といえよう。信濃教育会の自主化運動の先駆けとなったのは青年教師であり、彼らの主張は人事面からのものである。また、一九二〇年代前半の信濃教育会と県当局の抗争は、教育行政における人事権をめぐる対立として現れる。そこで人事面での自主化に焦点をあてる。

信濃教育会は、一八八四（明治一七）年三月に発足した長野教育談会にその端を発しており、長野教育会への改称（同年一一月）を経て、八六年七月に結成された教員団体である。長野教育談会は「上水内〔みのち〕郡長野町長野学校訓導秋野太郎、同朝陽学校訓導武内総太郎の両氏等相謀り、教育者有志二十六名を以て」[32]設立された団体であり、その後継である長野教育会の会長を務めた小早川潔も教員であった。この経緯から、中村一雄[33]が指摘するように「信濃教育会は私的団体であるのだから元来自主的な組織であり、それが自主化したというのは矛盾している」との考えも一見すると成り立つ[34]。

しかし、長野教育会が信濃教育会に発展した際[35]、会長に県学務課長である肥田野畏三郎、副会長に学務課首席属である後藤杉蔵が選出され、ほか五名の幹事にも、学務課次席属の大塚広と上水内郡書記の両角恭四郎が選ばれた。こうして「首脳部は殆〔ママ〕んど県当局の占」めるところとなり、「運営上の実権は、県学務当局の手に移」ったと信濃教育会は回顧している[36]。その理由を信濃教育会は、「有資格教員数甚だ少くして、教育者自体をもって教育会を運営するに足る実力」が乏しかったためとし、「信濃教育会を全県的に拡張」するうえで、「県当局の輔導〔ほどう〕」が必要であったためとしている。[37]したがって、信濃教育会の教員会員数が増加し、信濃教育会が各郡市に部会を設置していった過程のなかで、「県当局の輔導」から脱し「運営上の実権」を県当局から取り戻そうとする動き、すなわち自主化の気運が起きたことは、自然な成り行きであった。

一八八七年四月の北佐久教育会を皮切りにして、信濃教育会は各郡市に従来から存在していた教育会を支会（一八八八年三月、部会と改称）として組み込んでいった。これによる信濃教育会の拡大は、一九〇八年五月に東筑摩部会が創立したことにより、県下二市一六郡すべてを網羅するに至った。[38]また、発足当初一四五名であった信濃教育会の会員数は、一九〇八年度には一、六九二名を数えるまでになっており、これは主たる会員層である小学校教員数四、六二九人の約三七％にあたる。[39]

信濃教育会の拡大をひとつの背景として、おもに青年教師から役員選挙に対する批判が生じることとなる。一九一〇年四月、北佐久郡小諸商工学校長佐藤寅太郎が県上席視学[40]に就任し、同月に信濃教育会評議員、六月には本会議員に当選した。佐藤が役員に就任したことは、幹部改組の転機となった。翌一一年二月、信濃教育会議員会は佐藤らの発議から、従来の総理という役職を廃し知事を直接会長に据える形に会則を変更した。長野県下において中等学校の拡充が進み、高等学校の設立も希望する段階にあるなかで、

信濃教育会ノ威望〔いぼう〕ヲ高メ以テ各般教育ノ指導ヲナス域ニ達セザルベカラズ。苟〔いやしく〕モ斯ノ如キヲ希望セバ、会員ハ独リ其ノ一局部ニ偏スベカラズ[41]

という理由からであった。小学校教員に偏る信濃教育会が発展していくために、県当局との緊密な関係が必要とされたのであるが、このときに生じた青年教師の批判は、同年六月の信濃教育会総集会における副会長選挙において結実する。

　同年六月一八日付『信濃毎日新聞』は、「老年派」と「青年派」の対立となったこの様子を「役員選挙の暗流」と題して記事にしている。老年派は、三名に増加した副会長に、県会議長・事務官（内務部長）・男子師範学校長を充てる方針をとった。経費の欠乏を補うべく「県と接近して県より多くの補助を貰ふやうになさゞるべからず」との理由からである。これに対し青年派は、老年派の主張を「一種の堕落」と切り捨て、「教育会は会員相寄りて活動すれば自然実績の挙かるもの」とし、佐藤寅太郎・渡辺敏（長野高等女学校長）・小林有也（松本中学校長）を推薦した。事前に幹部が両派の折衷案を内定していたことが伝わっていたこともあり、総集会では密室性に対する反発も噴出し、選挙の結果、青年派が勝利を収めた[42]。県上席視学として行政官の地位にあった佐藤ではあるが、北佐久高等小学校訓導からのたたき上げの人物であり、青年派の官僚排斥・教育者推戴《すいたい》の主張に合致していた。また佐藤が、北佐久教育部会自主化達成後の初代会長として上席視学就任直前までこれを務めていたことも背景として見逃してはならないであろう。佐藤は、一九一八年三月、会長職にあった内堀惟文師範学校長転任にともない、後継会長に選出された。同年一月二七日付『信濃毎日新聞』によると、学務課長就任で「貫目」が備わったと見なされたことも関係するようだが、同記事はさらに次のように報じている。

佐藤氏が学務課長たるの故を以て今後も師範学校長を排して学務課長を会長たらしむべしとの慣例を作らんとするにはあらず佐藤氏に於てのみ官僚を認めたる訳なりと

この際も、教育者としての佐藤の側面が重視されたのである。

ともかく佐藤の副会長就任以後、その主導のもとで信濃教育会は組織改革と会財政の拡充を推進していった。一九一四年三月、信濃教育会は一部部会の反対意見を押し切り、本会と部会を一致させる方針で規則を大幅に改定した。学校医などを含む教育関係者を部会員とし、その部会員を同時に本会員とすることに定め、部会経由での会費の徴収を行った。これにより会員数は一四年度末には六、七四〇名となり、長野県教師総数六、二二七人を上回るまでに至った(43)。

こうして、信濃教育会とその加盟団体である各郡市の教育会は、おもに一九一〇年代後半から二〇年代前半にかけて、県知事や郡長をはじめとする行政から会の運営を教員の手に取り戻し、自主化を果たしていった(44)。しかしこの自主化は、それを求めた青年教師たちが当初望んだ形には、必ずしもならなかった。

それを下伊那教育会を例にとって確認しよう。第四六回下伊那部会総集会での役員選挙、すなわち初の現職教員からの会長に選出されたのは、青年教師の信望を集めていた飯田小学校長の井深次郎であった(45)。ところがこれ以後戦後に至るまで、大日本教育会長野県支部下伊那分会時代を含め、同会の会長は例外なく飯田小学校長が務めていく。自主化後の会長選挙は、事実上形骸化していたのである。

すなわち、信濃教育会の自主化とは、民主化を意味するのではなかった。それどころか、信濃教育会は、次第に一般教員から乖離しはじめていく。一九三〇年代前半に、左翼的教員運動である新興教育運動が起こり、長野県でも広がりをみせる。長野県でこの運動に参加した青年教師たちは、運動本来の目標を追い求めると同時に、信濃教育会の変革を求めていく。その詳細は第四章で述べることにするが、彼らが変革を求めた背景には、このような信濃教育会と一般教員の乖離があった。実際に、戦前戦後と長野県で教員を務めた吉岡正幸によると、戦前の信濃教育会は「一般教員には身近な存在ではなかった」し、『信濃教育』への投稿も「怖れ多いこと」であり、戦前に一度だけ校長命令により投稿したものの信濃教育会を身近に感じることはなかったという(46)。『信濃教育』への投稿を果たしている吉岡でさえそうであるならば、彼の感じていた信濃教育会との距離感は、ほかの多くの教員にも共有されていたものであったといえよう。

教員受難事件への対応

信濃教育会および各郡市部会の自主化が果たされていくなか、教育現場では、いわゆる「大正自由教育(47)」が盛んになっていた。それが前提となって発生した教育事件に対する信濃教育会の対応は、青少年義勇軍送出に繋がる同会の性格を浮き彫りにしている。

自主化に前後して展開された自由主義教育は、保守的な層との衝突を引き起こす。一九一〇年代末から二〇年代前半にかけて、自由主義教育をめぐるいくつかの事件が起きている。なかでも戸倉・倭事件(48)のような白樺派の受難事件と川井訓導事件(49)とでは、同じ教員の受難事件でありながら、信濃教育会の態度はまったく異なっていた。両事件の詳細な分析は別稿に譲るが、概していえば、信濃教育会は、戸倉・倭事件のような白樺派の事件では教員の受難に冷淡であったが、川井訓導事件では真っ向から県当局に抵抗した。

中野光は『大正自由教育の研究』において、戸倉事件を「「大正自由教育」への権力による弾圧のさきがけ」[50]と位置づけ、「権力による弾圧」という観点から同事件と川井訓導事件を同類項に見立てている。中野の研究は長野県に限らず全国をその視野に入れているためか、長野県独自の要素についての考察にいささか希薄なところがある。両事件の評価は、以下に挙げる理由から別個のものとしなければならない。

第一の理由は、両事件における行政の役割の違いである。戸倉・倭事件では、地域住民や県会議員の要望に応える形で処分が下されており、行政側は従属的役割を演じているに過ぎない。一方、川井訓導事件では、行政側が明らかに主体的役割を演じている。この役割転換には、一九二二（大正一一）年一月の郡視学会議における岡田忠彦知事の訓示が大きな影響を及ぼしている。[51]この訓示以前の事件と、それ以後の事件は区別する必要があろう。

第二の理由は、戦前天皇制との関係の違いである。白樺派の教育運動は天皇制の否定を内包しており、こうした急進的な教育運動が地域住民（保護者）の反発を招いたのである。問題とされた川井清一郎の授業には、川井自身が「勅語の聖旨に基づく恒久不変の我が国民道徳」という趣旨に「何等異論のある筈はない」と言っていることでも判るように、[52]天皇制の否定という要素はまったくない。

以上から、白樺派の事件と川井訓導事件を「権力からの弾圧」という文脈で同様に取り扱うには無理が生じる。こうした違いは、信濃教育会の対応の違いにも影響を与えた。川井は白樺派ではなく長野県教育界の主流派に属する。その川井訓導事件と同年の一九二四年二月に、下伊那郡で上飯田小学校訓導で白樺派教員の小松宇太郎が同校に放火したとされた冤罪事件が起きているが、飯田小学校訓導で白樺派教員の田中嘉忠は「小松君の「真相」の紙上発表種々の点より見合せ(53)」となったと漏らす。事実、小松の免訴が確定するまで大勢は事件を黙過しており、『信濃教育』誌上に「小松宇太郎氏慰藉義金募集」の趣意書が掲載されたのは、事件発生より一年以上経過した翌二五年三月のことであった。川井自身の論文が事件の翌月には掲載されたことに比べて、大きく異なっている。白樺派教員たちと川井の信濃教育会との距離の違いが、事件に対する信濃教育会の姿勢の違いに大きく影響しているのである。

こうしたことから、戸倉・倭事件のような白樺派の事件と川井訓導事件を個別に評価するのでは、その後の青少年義勇軍送出への信濃教育会の積極的関与を考察するうえで、さほど意味あるものにはならない。その相違点を比較して初めて意味をもってくるのである。信濃教育会は県当局やその背後にいる文部省と対立したものの、その対立は教育行政をめぐるものが主軸である。白樺派教員と川井の天皇制に対する意識を踏まえると、白樺派教員の受難事件を黙殺する一方で川井を擁護した同会に、天皇制を否定する要素はない。これは、同会が戦前天皇制における教育行政の一翼を担う組織であり、その枠外に逸脱する組織ではないことを示している。

確かに自由主義教育への官権の圧迫に対し、「教権の独立」を主張する信濃教育会は激しく抵抗した。しかし、その抗争は岡田が長野県知事に就任して以降のことであり、岡田路線を継承した本間利雄・梅谷光貞両知事による「気分教育」への弾圧に対するものである。『信濃教育会五十年史』では、

「不自然なる人事行政等に因りて本県教育界に幾多の問題を貽し〔傍点――引用者〕」たと岡田を批判的に評している。[54]川井訓導事件後、梅谷知事と信濃教育会との歩み寄りと、郡役所廃止により多数の長野県師範学校卒業生の郡視学が県移管となったことから、信濃教育会は県の教育行政に対する発言力を維持することに成功した。『信濃教育会五十年史』で、川井訓導事件も含むこの時期の県当局との抗争について記述されている箇所は、首席県視学板倉操平の転出によって県〔「学務当局」〕との関係が「全く順調に復した」と結ばれている。[55]川井個人を擁護するためのものではなく、教育行政における事実上の支配を確保するための抵抗であったと自らが認める形になっている。

信濃教育会は「川井訓導事件ではその存在を全教員に示したが、それが常時そうであったとは言えない」と吉岡氏は語る。[56]氏が教員となったのは一九三一年のことであるが、白樺派教員の切り捨てからも確認できるように、自主化達成の頃からすでに、信濃教育会は一般教員から乖離しはじめていたとも指摘できよう。

また一九一八年一月二七日付『信濃毎日新聞』の記事からも、この乖離の萌芽を確認することができる。「知事を総裁に祭り上げたる今日に於ては〔知事の総裁再推戴は一九一五年一二月から――引用者〕当然長野師範学校長が会長の椅子を占むべきもの〔傍点――引用者〕」という件や、佐藤の推挙が「前例を排し」てのものであり「師範学校長を排して学務課長を会長たらしむべしとの慣例を作らんとするにはあらず」という記述は、会長選挙が慣例化していることを示す。信濃教育会の自主化には、教育界の官僚支配体制から長野県師範学校卒業者による「長師」〔長野県師範学校〕支配体制への転換という一面がある。岡田知事以降の「気分教育」排撃は長師支配構造を脅かすものであったがゆえに、信濃教育会は強い抵抗を示したのである。つまり自主化が一般教員の意見を反映する組織への転換を意味したわけではない。あえて強調するならば、「自主化」は決して「民主化」ではないのである。むしろそれとは逆に、信濃教育会は一般教員から乖離していったのであり、これが後に新興教育運動が長野県下で展開される一因となったのである。

四　小括

計画当初の満州農業移民事業には、それぞれ異なる要請に基づいた経済政策的側面と大陸政策的側面の二つの性格があった。昭和初期の農村の大不況によって、農村は多くの余剰労働力を抱え込み、分家にともなう耕地の細分化は、二三男問題として早急に解決すべき課題となった。農村の窮乏の基盤には、地主制土地所有という構造上の問題があったが、経済更生運動などの不況対策は、農民の生活向上という面で、さほどの効果が上がらなかった。しかし一方では、更生運動の展開において、小作貧農を含む全農民層を包摂した組織化に大きな成果があったため、農民を戦時体制へ動員することを容易にする村内構造が作り上げられた。満州農業移民が本格化する頃には、農産物価格も回復し移民事業の経済的必要性は薄れていたが、恐慌下に整備された村内構造によって多くの農民などが満州へと渡っていったのである。その意味では、直接の因果関係をもたないまでも、移民事業と農村の恐慌の間には歴史的な繋がりがあるといえる。

経済の回復とともに農民の「移民熱」が急速に萎んでいったことは、一九三七（昭和一二）年八月に創刊された『大日向村報』に掲載された記事の傾向からも確認できる。大日向村小学校長の森泉茂松は、創刊に寄せて「今般当村各種団体及び一般村民各位の熱望により並に村更生の推進力たるべき大日向村報の誕生を見るに至りたるは誠に喜ばしき限りなり[57]」とのコメントを載せている。同じ紙面に、「本村更生計画の八大重点の大根本は土地と人口問題、即ち満州国への分村計画である[58]」と謳われていることから、『大日向村報』は、分村を推し進めるうえでの広報的役割を期待されて創刊されたといってよい。ところが、一九四〇年一〇月の廃刊に近づくにつれて開拓関係の記事が少なくなっていき、計一〇号が刊行された一九四〇年の村報で確認できる移民関係の記事は、わずかひとつしかないのである。

しかし経済的な必要性が失われても、東宮鉄男（関東軍）が考えるところの大陸侵略を背景にした満州移民の政策目標は残存していた。このため、移民事業は敗戦によって大陸侵略が挫折するまで続いた。いうなれば、満州農業移民事業は、その実施段階において一貫して大陸侵略の論理により展開していた。多くの犠牲者と帰還者の再入植、今日の「残留邦人」の生活苦は、その結果として生じているのである。

その点で満州農業移民の歴史は、いまだ完結してはいない。移民事業が遺した今日的課題に取り組むことは、いまの時代を生きる私たちの責任である。さらにその一方で、記憶の風化に立ち向かい、満州農業移民を歴史的事象として次代に継承することもまた必要である。

長野県において満州農業移民の送出を積極的に進めた主体として、本書は、一般開拓団送出における「中心人物」と「中堅人物」、青少年義勇軍送出における信濃教育会に注目する。

一般開拓団の送出については、昭和恐慌期に展開した経済更生運動が、重要な歴史的前提となっている。この運動において多くの満州移民計画が立案されたこと以上に、運動によって国民の統合（中心人物・中堅人物を媒介とした国策浸透システム）が構築されたことが意味をもっている。

また、信濃教育会が青少年義勇軍送出に主体的役割を果たしたことは、少なからぬ指摘がすでにある。しかし、こうした国策への全面協力の姿は、わずか十数年前の自主化や川井訓導事件で会がみせた姿とはまったく異質なものに映る。信濃教育会が設立当初からもっていた海外発展思想と送出事業の関連という『満蒙開拓青少年義勇軍と信濃教育会』が提示した視点は、大いに支持できる。しかし、自主化の実態や大正自由教育期の教員受難事件への対応は、長野県教員赤化事件での信濃教育会の複雑な立場を理解するために重要であり、ひいては信濃教育会の義勇軍送出事業への関与を考えるうえで無視できない歴史的事象なのである。

注

（1）ＮＰＯ法人中国帰国者の会は、一九八二年に元「中国残留婦人」の鈴木則子会長ら十数名で設立され、二〇〇四年二月にＮＰＯ法人化された。現在では、多数の会員や支援者の協力を得て、帰国者支援の活動を続けている。（以上、同会ＨＰ：http://www.kikokusha.com/ より）

（2）関東都督とは、日露戦争の勝利に基づいて結ばれたポーツマス条約（一九〇五年九月）で、ロシアより租借権を引き継いだ遼東半島の租借地（関東州）を管轄した日本の統治機関（関東都督府）の長。関東都督府の機能は、一九一九年四月の官制改革で、民政部が関東庁、陸軍部が関東軍に引き継がれた。

（3）拓務省とは、植民地行政を統括した中央省庁。

（4）石原莞爾は、当時の関東軍作戦主任参謀。満州事変では指導的役割を果たし、満州国建国を促進した。

（5）第六三回帝国議会は、昭和恐慌の打撃から農村をいかに救うかが焦点となったため、「救農議会」と呼ばれた。

（6）拓務省拓務局東亜課編『満洲農業移民概況』（拓務省、一九三六）、七八-七九頁。

（7）蚕繭糸業とは、農業部門である養蚕業と、工業部門である製糸業をあわせた産業区分。

（8）安田常雄『日本ファシズムと民衆運動』（れんが書房新社、一九七九）、四三一頁。

（9）橋本伝左衛門「満州農業移民の沿革」永雄策郎編『満洲農業移民十講』（地人書館、一九三八）、二一頁。

（10）長野県拓務課『新らしき村を訪ねて』（一九四二）、一五六-一五七頁。

（11）下伊那郡「戦時満州開拓実施計画」『満州開拓一件』（昭和十八年十一月）、飯田市三穂支所所蔵。

（12）元石川県送出義勇隊員からの著者聞き取り（二〇〇二年七月七日、石川県辰口町たがわ龍泉閣にて）。

（13）山田昭次「植民地」『岩波講座　日本通史』第一八巻（岩波書店、一九九四）。

（14）厚生省援護局編『引揚げと援護三十年の歩み』（厚生省、一九七七）、九二頁。

（15）満州開拓史復刊委員会企画編集『満州開拓史』増補再版（全国拓友協議会、一九八〇）、八八二頁。

（16）石川県教育文化財団編『旧満州国白山郷開拓団　八月二七日』（石川県教育文化財団、二〇〇四）、一六二-一六三頁。「行ったがやろ」は「行ったくせに」を含意する金沢弁。

（17）長野県開拓自興会満州開拓史刊行会編『長野県満州開拓史』総編（同会、一九八四）、七二〇頁。

（18）旧大日向開拓団による浅間山麓再開拓については、大日向分村開拓団開拓史編纂委員会編『満州・浅間開拓の記――長野県大日向村分村開拓団の記録』（銀河書房、一九八三）ならびに和田登『旧満州開拓団の戦後』（岩波ブックレット、一九九三）を参照。

(19)　NHK総合「クローズアップ現代」二〇〇三年九月二五日放送。
(20)　このことは、満州農業移民（一般開拓団）のすべてが経済更生運動から派生したことを意味しているのではない。例えば、安孫子麟は宮城県南郷村の事例分析を通じて、移民事業が更生運動と無関係に展開したことを実証している（安孫子麟「「満州」分村移民と村落の変質」東敏雄・丹野清秋編『近代日本社会発展史論』ぺりかん社、一九八八。ならびに同「戦時下の満州移民と日本の農村」『村落社会研究』五－一、一九九八）。また東京からの開拓団について論じた、東京の満蒙開拓団を知る会『東京満蒙開拓団』（ゆまに書房、二〇一二）では、巻末の加藤聖文による「解説　満蒙開拓団の歴史的背景」で言及されているものの、本論部分では更生運動についてほとんど言及がない。
(21)　名望家とは、ある程度の財産や経済力、さらには多くの場合家柄を背景に、人望によって地域住民を代表する人物のこと。明治政府は、地方自治制度を整備していくなかで、市町村長や助役を名望家が担うことを期待した。当初こうした役職は名誉職であり、そのため無給であった。しかし、内発的な経済発展が不充分なままに近代国家化を進めていたため、豊かな資力をもった名望家は多くなく、有給に変更されたところも少なくなかった。
(22)　こうしたパトロン的な側面の最も典型的な人物としては、大原孫三郎が挙げられる。
(23)　自作中堅・自小作上層を農村中堅人物として経済更生運動の担い手とする森の見解は、すでに一九七〇年代前半に提起されているが、これは近年の森の研究にも通底している（例えば森武麿「日本近代農民運動と農村中堅人物」『一橋経済学』一巻一号、二〇〇六）。
(24)　高橋泰隆「日本ファシズムと「満州」農業移民」『土地制度史学』一八－三（一九七六）。
(25)　大門正克「名望家秩序の変貌――転換期における農村社会」『日本近現代史　構造と変動3　現代社会への転形』（岩波書店、一九九三）、九六頁。
(26)　産業組合とは、一九〇〇年交付施行の産業組合法により設立された農村部における協同組合。当初は設立が進まなかったが、日本資本主義の発達や数次にわたる制度改革などによって、一四、二二一組合（一九四二年末）に及ぶほどまで全国各町村に普及していった。一九四三年の農業団体法制定により、農業会に統合された。

(27) 池上甲一「「満州」分村移民の論理と背景――長野県大日向村の事例研究」『村落社会研究』一二（一九九五）、二七頁。

(28) この意味では、名望家層とほぼ一致する。しかし本書では、名望家層が担っていたもうひとつの社会的役割である文化・芸術へのパトロン的側面を視野に入れていない。

(29) 農林省経済更生部『農山漁村経済更生計画樹立町村名簿』（経済更生計画資料第三九号、一九三九）武田勉・楠本雅弘編『農山漁村経済更生運動史資料集成』第七巻（柏書房、一九八五）所収、二九五-三三〇頁。

(30) 信濃教育会HP（http://www.shinkyo.or.jp/）「信濃教育会会長挨拶」より（二〇一四年九月二九日閲覧）。

(31) 帝国教育会とは、教員の質的向上と組織化を目的に、明治政府の肝煎りで一八八三年に設立された大日本教育会が、九六年改称することで発足した。一九四四年に大日本教育会、戦後になり日本教育会と改称しているが、煩雑を避けるため、本書では帝国教育会で統一する。なお、公益社団法人日本教育会は、帝国教育会との繋がりをもたない。

(32) 信濃教育会『信濃教育会五十年史』修正再版（信濃毎日新聞社、一九三五）、一頁。

(33) 長野県教育史刊行会編集主任、満州開拓史編さん委員会副委員長などを歴任し、長野県教育史に詳しい。また氏は一九三一年に長野県師範学校第一部を卒業し、小県郡神代《くましろ》小訓導として二・四事件を体験している。

(34) 中村一雄氏より聞き取り（二〇〇〇年八月一一日、長野市の中村氏御自宅において）。以下、中村氏のコメントはすべて同じ。

(35) このときの「長野」から「信濃」への改称理由は、「信濃と広称すれば上田なり松本なり皆本県全地方の賛成者を喚起し易」くなるため（『信濃毎日新聞』一八八六年七月二一日）。「長野」は長野市周辺を指すイメージがあり、とりわけ南信でその傾向が強い。そこで全県的な組織とするために、南信側の反発を招きかねない「長野」を使用することを避けたのである。こうした「長野」に対するイメージは現在でも根強く残っている。
(36)　前掲『信濃教育会五十年史』、二二二頁。
(37)　前掲『信濃教育会五十年史』、二三三頁。
(38)　『信濃教育会五十年史』では、一九〇〇年一一月の上水内部会設立をもって「県下十六郡教育会尽く加盟」としている（九五頁および二二五頁）。しかし、東筑摩郡では、一八九〇年二月に東筑摩部会の設立が決定したものの、母体である東筑摩交詢会が部会と併存していて、部会は「会員僅少にして其の活動微々た」るものに過ぎなかったようである（七七一頁）。両団体は、一八九八年五月に合併し、信濃教育会東筑摩交詢会となるものの、一九〇七年五月の松本市制施行により松本市と東筑摩郡が分割され、交詢会も同様に分割した。東筑摩部会の創立は、『信濃教育会五十年史』によると一九〇八年五月となっている（七三八頁）。以上の経緯から、本文のような見解をとった。
　なお、一九一三年一二月に長野市教育会が長野市部会として信濃教育会に加盟したことで、「茲に初めて二市十六郡の全県的統一を実現したり」との記述があるが（同二二九頁）、信濃教育会本体が長野教育会から発展したものであり、事務所も長野市内にあったことから、「全県を網羅する」という観点上これを重視しなかった。
(39)　信濃教育会会員数については、前掲『信濃教育会五十年史』、七〇五頁および七〇八頁。小学校教員数については、長野県教育史刊行会編『長野県教育史』別巻一（長野県教育史刊行会、一九七五年）、七七六頁。
(40)　視学とは、旧制の教育行政のなかで、学校の視察や教職員の監督を担った地方官。
(41)　前掲『信濃教育会五十年史』、一六〇頁。
(42)　青年派の推した三名のうち、小林は副会長就任を辞退している。
(43)　注39に同じ。ただし信濃教育会会員数は、実数に一割を加算したものであるという（前掲『信濃教育会五十年史』、七〇九頁）。
(44)　信濃教育会は財政面でも県からの補助金を必要としなくなっていくが、その経過までも詳述すると、本書の主題と離れすぎてしまうため、別稿に委ねることにしたい。

(45) 長野県『長野県政史』第二巻(長野県、一九七二)、三〇〇頁。

(46) 二〇〇〇年八月一七日、筆者聞き取り。以下、吉岡氏のコメントはすべて同じ。吉岡氏は一九三一年長野県師範学校第一部卒、一九三三年の長野県教員赤化事件当時は中心校のひとつである諏訪郡高島小学校で訓導を務めていた。戦後、信濃教育会図書編集部主任を務めた。

(47) 大正自由教育とは、すべての学科の教授は児童の個性を尊重し、個性に基づいて発表させることであるというもの。

(48) 戸倉事件は、一九一九年二月、埴科郡戸倉村で起きた事件。また、倭事件は、一九二〇年三月、南安曇《あづみ》郡倭村で起きた。両事件は時期的にも人的にも連続した事件であり、事件に至った経緯をみても同一事件として把握してよいと考える。

(49) 一九二四年九月、松本女子師範附属小学校訓導川井清一郎が修身授業において国定教科書を使用しなかったことを、視察中の県学務課長畑山四男美が問題視したことが発端。事件の進展にともない、川井は依願退職に追い込まれ、首席訓導として川井を擁護し続けた伝田精爾も引責辞任の形で退職した。これは決して偶発的な事件ではなく、前提として県当局による自由主義教育弾圧の意向があり、それが表面化したものであった。信濃教育会にとって川井とは自らの進める教育方針に則った授業をする教師であり、信濃教育会主流派の末端に位置していた。

(50) 中野光『大正自由教育の研究』(黎明書房、一九六八)、一四六頁。大正自由教育に対する弾圧事件の「さきがけ」として戸倉事件に注目したためか、中野は同書において、一年の期間が空いた倭事件には言及していない。

(51) 岡田知事は、一九二二年一月の郡視学会議で「気分教育」(大正自由教育)攻撃の訓示を行った。実際に、同年三月に三村安治を、九月に岡村千馬太を県視学から転出させ、信濃教育会主流派である東西南北会を県学務課から一掃した。

(52) 川井清一郎「修身書の取扱ひについて」『信濃教育』第四五六号（一九二四年一〇月）。
(53) 田中嘉忠「小松事件の感想」『信濃教育』第四五六号（一九二四年一〇月）。
(54) 前掲『信濃教育会五十年史』、二五二頁。
(55) 前掲『信濃教育会五十年史』、三七七頁。
(56) 吉岡氏については注(46)を参照。
(57) 森泉茂松「村報創刊祝辞」『大日向村報』第一号（一九三七年八月）。
(58)「大日向村経済更生計画実行速度に就て」『大日向村報』第一号（一九三七年八月）。著者は不明。

第2章

一般開拓団の送出における経済要因の再検討

大日向分村の収穫風景。広大な農地は，どれほどの農民を満州へと駆り立てたのであろうか。(「母子揃って愉しい野菜畑」『満洲グラフ』 8－1 (66)，1940)

出典：財団法人 満鉄会監修『満洲グラフ』第8巻（ゆまに書房，2009）10頁

第一章では、満州農業移民には経済政策と大陸政策という二つの側面があるが、前者の経済政策についていえば、農家経済の回復にともない経済的な必要性が薄れるなかでも、移民事業が続行されたことを確認した。「はじめに」で述べたように、近年の満州農業移民研究においても、窮乏を移民の一義的な送出要因とみることは、ほとんどなくなっている。しかし、それでもなおいくつかの検討すべき課題が残されている。

本章では、まず最初に、「はじめに」で整理した第一の課題に取り組み、郡市レベルおよび町村レベルの経済情勢についての横断的な分析を通じて、移民の送出分布と送出地の経済状況の相関性を検討する。「貧しさ」と「満州農業移民」は、果たして相関しているのだろうか。そのうえで次に、第二の課題である移民における「中心人物」・「中堅人物」の役割について考える。

一　送出分布と経済指標

郡市間分析

最初に、郡市レベルにおける送出分布と経済指標の比較から始めよう。ここで当然ながら問題となるのは、何を基準として送出分布ならびに経済指標を測るかということである。

まず経済指標について整理しておこう。長野県における生産価額上位三産業（蚕繭糸《さんけんし》業・農業・工業）の産業構成比を概観すると、恐慌直前の一九二九（昭和四）年においては、蚕繭糸生産が全体の七四%を占め、ほとんどの郡市において最も中心的な産業であった(1)。それ以降、長期間にわたる恐慌で、蚕繭糸業の総体的な比重は格段に低下し、さらに軍需産業の増産や疎開による工業生産額の増加が、その傾向に拍車をかけた。しかし、蚕繭糸業が、最大の産業であるという基本的な構造に変化はない。したがって、蚕繭糸業の回復の遅れは、そのまま県全体の景気の回復を遅らせることになった。

そもそも、『長野県統計書』で確認されるこの「蚕繭糸業」という産業区分それ自体が、同産業によって特徴づけられる長野県経済の構造を示しているといえよう。蚕繭糸業とは、農業部門である養《よう》蚕《さん》業と工業部門である製糸業を合算したものと考えればほぼ差し支えなく、ほかの道府県統計書ではみられない。養蚕農家と製糸工場をともに多数抱えている長野県の経済的特質が、端的に表現された産業区分となっている。

さて、長野県の一般開拓団は、こうした経済状況のもとで、耕地不足問題の解消を念頭に置いて計画されている。これに加え、移民の主軸が農民であったことから、送出の経済要因としては、零細農家および養蚕農家の多寡とその経済状態が問題となる。当時の日本農業は、「米と繭《まゆ》」の二本柱で成り立っており、そのうち養蚕は、農家（とりわけ零細農家）が現金収入を得るための重要な副業であった(2)。これを踏まえても、零細農家および養蚕農家の多寡とその経済状況をみることは、長野県における一般開拓団の送出を考えるとき、農家の大まかな傾向を把握するうえで有効だといえる。また多くの農家が、副業なり本業として養蚕業を営んでいたため、養蚕農家の家計といっても、それは農家の家計と異ならない場合が多いといえる。

次に送出分布をどのように把握すべきかを考えてみよう。前章で紹介した関東軍や広田弘毅内閣の満州移民計画の名称（例えば「二十ヵ年百万戸送出計画」）に反映されているように、移民計画は送出戸数を目標単位として立案された。したがって本書でも、送出指標を基本的に人数ではなく、戸数単位で把握する。

これを前提にして、本書では、単純に送出実数のみで送出分布を把握しない。というのも、送出数は、郡市町村の人口（戸数）規模に左右される可能性があるからである。したがって、現住戸数に対する送出戸数の割合（以後、送出比と表記する）を把握する必要がある。しかし一方で、送出数が多いこともまた、無視することはできない。

以上を勘案して、送出数と送出比を併記し、経済指標を零細農家率と繭価額に求め、表2-1を作成した。送出比は、千分比（‰）で表している。経済指標二項目それぞれについて、その高低を考慮すると、四種類の経済類型が考えられるが、それを示したのが表2-2である。なお、この郡市レベルの経済指標は、おもに満州移民国策化直前の一九三六年の値である。

経済類型A～Dを言い換えれば、以下のようになるだろう。

A　農家一戸当たりの耕地面積は小さい（または零細農家率が高い）が、養蚕農家一戸当たりの繭価額は高い。

B　農家一戸当たりの耕地面積が小さく（または零細農家率が高く）、さらに養蚕農家一戸当たりの繭価額も低い。

C　農家一戸当たりの耕地面積は大きい（または零細農家率が低い）が、養蚕農家一戸当たりの繭価額は低い。

表２－１　長野県開拓団送出指標と経済指標

地域	郡市	開拓団送出指標		経済指標		
		実数（戸）	対現住戸数送出比（‰）	零細農家率（％）	繭価額（円/戸）	経済類型
北信	更級郡	174	11.2	42.6	232	B
	埴科郡	138	12.7	53.2	271	A
	上高井郡	133	11.3	40.4	271	A
	下高井郡	276	21.3	33.9	216	C
	上水内郡	159	8.0	31.8	194	C
	下水内郡	163	24.0	26.9	136	C
	長野市	53	3.4	49.2	191	B
東信	南佐久郡	593	39.7	26.1	291	D
	北佐久郡	251	12.9	27.8	293	D
	小県郡	321	13.7	34.1	319	D
	上田市	25	3.3	50.3	251	A
中信	西筑摩郡	472	40.6	40.9	181	B
	東筑摩郡	400	15.1	26.7	257	D
	南安曇郡	135	11.6	28.3	201	C
	北安曇郡	127	10.2	20.5	187	C
	松本市	84	5.7	41.7	300	A
南信	諏訪郡	564	22.2	36.5	201	B
	上伊那郡	508	17.4	33.3	228	C
	下伊那郡	1,626	45.0	45.0	336	A
	岡谷市	49	7.9	67.0	290	A
長野県		6,251	18.8	34.7	253	

注：１）送出指標の網かけは，県内で上位１／３に含まれていることを示す。経済指標の網かけは，零細農家率については中央値より低く，繭価額については中央値より高いことを示す。
２）零細農家とは，耕地所有面積が５反歩以下の農家を指す。
３）零細農家率＝零細農家戸数／農家戸数，繭価額は養蚕農家１戸当たり。
４）現住戸数は1935年，それ以外は1936年の統計。
1936年４月１日市制施行の岡谷市も同様。
５）実戸数は『長野県満州開拓史』名簿編の戸主（続柄；本人）の本籍地をもとに分類算出し，その際，青少年義勇軍，報国農場，勤労奉仕隊，米穀増産隊の分を除いた。
６）経済類型は，表２－２を参照。

出典：長野県開拓自興会満州開拓史刊行会編『長野県満州開拓史』名簿編（1984），長野県『長野県史』近代史料編別巻統計２（1985），『長野県統計書』1936年版より作成。

表2-2　経済類型一覧

	零細農家率（農家1戸当たり耕地面積）	養蚕農家1戸当たり繭価額
A	高（小）	高
B	高（小）	低
C	低（大）	低
D	低（大）	高

注：それぞれ中央値以上を高程度として類型化。

D　農家一戸当たりの耕地面積が大きく（または零細農家率が低く）、さらに養蚕農家一戸当たりの繭価額も高い。

この分類において、農村の経済環境として、最も厳しいのはBであり、逆に最も恵まれているのはDとなる。なお、養蚕に必要な桑《そう》園《えん》は、概して水田よりも狭小であるため、養蚕農家の割合によって、農家全体の一戸当たり耕地面積も影響されることになるが、煩雑を避けるために本書ではこれを考慮に入れないことにする。

さて、ここでの問題は、郡市レベルの送出分布とA～Dの経済指標の間に何らかの相関が確認されるかどうかである。

表2-1において開拓団送出指標が実数・送出比ともに高い郡市は、送出が盛んであった地域として問題ない。南佐久郡・西筑摩郡・諏訪郡・上伊那郡・下伊那郡がこれに該当する。そこでそれらの郡の経済状況をみると、以下のとおりである。

南佐久郡…D　西筑摩郡…B　諏訪郡…B　上伊那郡…C　下伊那郡…A

これをみれば、この五郡には四種の経済類型がすべて含まれ、郡市レベルの分析において、経済状況が送出を一義的に左右するとはいえないことが判る。

しかしながら、表2-1でD型（零細農家率低・家計高水準）に分類されている全四郡をみると、南佐久郡以外にも、小県《ちいさがた》郡・東筑摩郡はもとより、北佐久郡でも多くの移民を送出している。これら三郡の送出比は、上位三分の一には含まれないが、上位二分の一には含まれている。

　経済状況が最も恵まれているD型は、移民を多く送り出す傾向がある。そこで、

　経済主因仮説①…零細農家が少なくかつ養蚕農家の家計水準が高い地域から移民が多く送出される

を立てることにする。

図2-1　長野県開拓団の郡市別送出分布図
注：網かけは，表2-1の送出実数に照応。

　他方で、表2-1の実数の分布を地図で示すと、そこから移民送出には地域的な偏りがあることが読みとれる（図2-1）。すなわち諏訪・上伊那・下伊那の全南信三郡、中信のうち西筑摩・東筑摩の二郡で送出が多い。また、北佐久郡が決して少なくない送出数であることを考慮すれば、同郡および南佐久郡・小

県郡という東信全域も送出が集中している地域であるといえる（なお、東信には上田市も含まれる）。

これは何を意味しているのだろうか。

これらの地域は、それぞれが同じ河川域に属している。急峻な山岳によって県内が分断されている長野県において、このことはすなわち、域内が街道により繋がれていることを意味する。のちに触れるが、一九三〇年代前半の社会運動も、長野県では河川域に沿った展開をみせている。山岳をうがつトンネルがほとんど普及していない当時（そしてそれ以前）において、山岳を越えるよりは通行が容易な、河川に沿った街道という交通路は、地域的な繋がりを生むことになる。長野県において運動の伝播を考えるとき、こうした地域的なまとまりが、山岳によるほかのまとまりとの分断をともないつつ、いわばなかば閉鎖的に存在していたことのもつ意味は無視できない。

以上のように、送出の分布状況とその地理的特性を勘案すると、下伊那郡泰阜《やすおか》村の元収入役であり、泰阜村開拓団でも指導的役割を果たした清水清七が語った「バスに乗りおくれまい」(3)という言葉は、長野県における満州農業移民事業の広がりを読み解くうえで、重大な意味を帯びてくる。この言葉は、一九三七年以降、大日向《おおひなた》分村に刺激を受け下伊那郡各地で次々と分村計画が樹立していった際の村当局者の競争心理を、当事者の一人として表現したものである。図2-1で確認される送出分布状況は、互いになかば閉鎖された各地域で、ある特定地域で発生した競争心理が、連鎖反応的に広がった結果であると推察できる。そこでこれより、

「バスの論理」…移民事業の実施に向けての競争心理と、その競争心理が地縁的結合関係をベース

にほか（村当局者または個人）に伝播すること

を、想定する。分布図をみる限り、満州移民の送出は、経済状態と無関係な「バスの論理」が強く作用したことにより展開していったと考えられるのである。

町村間分析

では経済指標と送出分布を町村レベルで分析すると、どうなるのであろうか。郡市間分析で得られた経済主因仮説①や「バスの論理」は、町村レベルでも有効だろうか。

表2-3と表2-4は、全一六郡の町村について、表2-1と同様の指標を用いて、集計結果をまとめたものである。表2-3は飯田市を含む全三七三町村の分布状況を、表2-4は送出比における上位二〇町村と未送出町村を示している。なお資料の制約上、表2-1における零細農家率を農家一戸当たり耕地面積に置き換え、経済指標を一九三五（昭和一〇）年に設定した。ただし、同年次の耕作面積について、全町村の統計が完備しているのは、米の作付面積と桑園の面積のみであり、やむをえずこの合計を農家戸数で除したものを農家一戸当たりの耕地面積とした。

ここで表2-3における「送出度」の考え方を整理したい。町村間分析でもまた、送出指標に実数と送出比を用いるが、それぞれをいくつのグループに分けるかは、多分に恣意的な判断が入る。ここでの目的は、全体の傾向を把握することなので、細かすぎず単純すぎもしない三分化を採用する。(4) 対象は三七三町村あるため、上位三分の一は一二四番目以上、下位三分の一は、二四九番目以下となる。

表2-3　送出度および経済類型別の町村数

送出度	A	B	C	D	農家1戸当たり耕地面積 大（C＋D）	農家1戸当たり耕地面積 小（A＋B）	農家1戸当たり繭価額 高（A＋D）	農家1戸当たり繭価額 低（B＋C）	計
高	28	28	21	24	45	56	52	49	101
中	35	47	36	58	94	82	93	83	176
低	20	28	26	22	48	48	42	54	96
計	83	103	83	104	187	186	187	186	373

注：1）農家1戸当たり耕地面積＝（米作付面積＋桑園面積）／全農家戸数。
2）農家戸数は1930年，それ以外は1935年の統計。
3）市町村域は1945年9月を基準とし，1930年以降の変更には以下のように対応した。
北佐久郡西長倉村の軽井沢町編入（1942.5.8，軽井沢町として合算）
諏訪郡上諏訪町・四賀村・豊田村の合併（1941.8.1，諏訪市として合算）
諏訪郡平野村の市制施行（1936.4.1，表2-1に岡谷市として掲載）
下伊那郡飯田町・上飯田町の合併（1937.4.1，飯田市として合算）
下伊那郡浪合村・平谷村，分離（1934.4.1，浪合村として合算）
下伊那郡和田組合村（上村・和田村・木沢村・八重河内村・南和田村を合算）
下高井郡日滝村の須坂町編入（1936.12.1，須坂町として合算）
4）経済類型は，表2-2を参照。
出典：前掲『長野県満州開拓史』名簿編，前掲『長野県史』近代史料編別巻統計2，長野県『米統計』1931年版より作成。

そのうえで、実数と送出比の双方を踏まえた「送出度」を以下のように定義づける。

送出度　高…送出実数、送出比ともに上位三分の一に含まれる。

送出度　低…送出実数、送出比ともに下位三分の一に含まれる。

送出度　中…前二者のどちらにもあてはまらない[5]。

ここで、先ほど立てた経済主因仮説①「D型（一戸当たり耕地面積大・家計高水準）は移民送出が多い」が、町村レベルでも成り立つかを表2-3を用いて検証する。

D型における高送出町村の割合は、二三・一%（一〇四町村中二四町村）で

表２－４　開拓団送出指標と経済指標─送出比上位20町村と未送出町村

郡名	町村名	開拓団送出指標		経済指標		
		実数（戸）	対現住戸数送出比（‰）	耕地面積（反/戸）	繭価額（円/戸）	経済類型
南佐久郡	大日向村	173	423.0	5.6	239.8	A
下伊那郡	上久堅村	143	208.5	4.4	242.3	A
諏訪郡	富士見村	189	198.7	7.3	253.0	D
西筑摩郡	読書村	121	161.8	6.7	185.5	C
下伊那郡	清内路村	67	160.3	3.9	258.2	A
下伊那郡	泰阜村	169	148.9	5.9	327.9	A
下伊那郡	川路村	73	147.2	6.2	488.0	A
南佐久郡	北相木村	53	141.7	4.7	137.0	B
下伊那郡	智里村	65	134.0	4.7	285.6	A
下高井郡	市川村	42	121.0	5.9	62.9	B
下伊那郡	千代村	104	120.5	5.1	438.6	A
西筑摩郡	山口村	31	119.7	6.9	188.1	C
小県郡	大門村	50	118.2	3.6	216.2	B
西筑摩郡	木祖村	98	116.1	5.0	106.7	B
下伊那郡	飯田市	73	109.1	5.1	327.1	A
下伊那郡	河野村	50	94.0	6.5	385.8	A
西筑摩郡	奈川村	38	93.1	4.2	182.0	B
下伊那郡	浪合村	47	89.7	3.8	137.4	B
諏訪郡	落合村	80	86.4	8.5	146.4	C
西筑摩郡	田立村	22	85.6	6.1	169.2	B
上位20町村		1,688	96.3	5.5	258.0	
小県郡	長村	0	0.0	7.6	253.2	D
上伊那郡	伊那村	0	0.0	8.5	272.3	D
上伊那郡	伊那里村	0	0.0	5.5	201.3	B
西筑摩郡	新開村	0	0.0	6.7	148.5	C
西筑摩郡	王滝村	0	0.0	4.9	151.5	B
更級郡	稲荷山町	0	0.0	2.5	132.7	B
下高井郡	科野村	0	0.0	5.5	260.4	A
未送出町村		0	0.0	6.2	219.3	
長野県		6,038	20.9	6.7	237.8	

注：１）網かけは，表２－１に準じる。ほかは，表２－３に準じる。
　　２）出身郡のみ判明している者がいるため，表２－１と送出実数が一致しない。
出典：表２－３に同じ。

ある。A型が三三・七%、B型が二七・二%、C型が二五・三%であるので、これは四類型のなかで最も低い。一方、低送出町村でみると、D型は二一・二%（同二二町村）と、これまた四類型のなかで最も低い値を示している。とはいえ、高送出町村とほぼ同数の二二町村あることは無視できない。以上のことから、経済主因仮説①は、町村間分析では成り立たないと考えるのが妥当である。

では、D型とは対称的に、B型ならば移民を多く送り出す経済類型たりえるかというと、そうはならない。表2-3において、B型の高送出町村が最も多いとはいえ際立っているとはいえないし、低送出町村も最多である。さらに表2-4をみると、B型の未送出町村は多く、B型の傾向がとりわけ強い更級郡稲荷山町ですらここに含まれている。稲荷山町が一般的に村よりも商工業者の多い町であるゆえの特例として考えようにも、町以上に商工業者が多いはずの市である飯田市が送出比上位二〇町村に含まれていることで、これも成り立たない。

ともあれ、郡市間の横断分析により導かれた仮説が否定されたので、改めて町村間の横断分析から経済主因仮説を考える。

まず、農家一戸当たりの耕地面積を軸に据える。設定した高送出町村は一〇一町村であり、飯田市と諏訪市を含む調査対象全三七三町村の二七%になる。(6) その一〇一町村のうち、耕地面積が大きい町村（C型＋D型）は四五町村、小さい町村（A型＋B型）は五六町村である。また、耕地面積が小さい町村全体でみると、送出度が高い町村（五六町村）の方が低い町村（四八町村）よりも多いうえに、耕地面積が大きい町村全体では、これと逆の傾向が確認できる。さらに、表2-4で示した送出比上位二〇町村においても、一六町村で耕地面積が狭小（A型＋B型）である。このように一戸当たりの耕地面

積が狭小であると、送出度が高くなる傾向がうかがえる。そこで、高送出町村の経済的前提条件として

経済主因仮説②…耕地が狭小であること

を設定する。

続いて、養蚕農家の家計水準に着目する。送出度が高い町村のうち、養蚕農家一戸当たりの繭価額が高水準である町村（A型＋D型）は五二町村、低水準である町村（B型＋C型）は四九町村である。また、繭価額が高い場合、送出度が高い町村（五二町村）は低い町村（四二町村）よりも多く、繭価額が低い場合は、反対に送出度が高い町村の方が少ない。このように、養蚕農家一戸当たりの繭価額が高い町村で送出が盛んとなるといえる。そこで、その程度は耕地面積に注目した場合と比較して緩やかであるが、

経済主因仮説③…養蚕農家の家計が高水準であること

を考えておく。

ところが、こうして町村間横断分析により浮かび上がった二つの仮説も、送出状況全体を説明しうるものではない。

農家一戸当たりの耕地面積が小さい町村（A型＋B型）は、送出比下位二十町村のうち一四町村が確認される。すなわち、耕地面積が狭小だと送出度が高くなるとはいいきれない。また、養蚕農家一戸当たりの繭価額が高い町村（A型＋D型）は、送出比上位二〇町村中一〇町村、下位二〇町村中九町村であり、有意な差異を示していない。送出において養蚕農家の収入がさほど問題となっていないといえる。

続いて、高送出度の町村の割合が最も高いA型（一戸当たり耕地面積小・家計高水準）に着目する。ここに分類される低送出町村が類型のなかで最も少ないとはいえ二〇町村もあることから、A型が送出を増大させる決定的な経済状況であるとも断言できない。本章では、農家一戸当たり耕地面積と養蚕農家一戸当たりの繭価額のみを指標としているが、先に断ったように、農家戸数や養蚕農家戸数の占める割合によって、これらの数値の村内経済における重要性は大きく左右される。同じA型に分類されても、それらが必ずしも同様の経済事情にあるとはいえない。その点、大日向村と科野《しな》《の》村は、村自体の規模も同様で農家戸数も養蚕農家戸数もほぼ同じであるため、農業の構成を含む経済構造がかなり類似しているが、前者は最大送出村であるのに対し、後者は一戸たりとも送出していない。このこともまた、A型を送出増大の決定的な経済要因として捉えることができない理由となる。

さらに、A型以外のほかの三類型にもそれぞれ高送出町村が分布しているうえに、まったく送出しなかった七町村だけをみても四種類すべての経済類型が存在している。

以上のように、表2-3においても表2-4においても、類型別にみた送出度の分布に有意な差は認められない。したがって、送出状況を決定づける経済類型は、存在していないといわざるをえない。

結局のところ、経済状況は、送出状況全体を説明するに足りるものではないのである。

そうなると、経済要因以上に送出と強い因果関係をもつ因子を探さなくてはならない。そこで、地縁的結合関係が送出において重要な要因となることを意味する「バスの論理」を検証していく。

ここでは、地縁関係に応じてどれだけの送出があったのかを確認するのであるから、送出度に関しては実数のみを基準とする方が適切である。そこで、全三七三町村を三分して、送出戸数六戸未満の一〇九町村を少数送出町村、六戸以上一四戸未満の一三二町村を一般送出町村、一五戸以上の一三二町村を多数送出町村としたうえで、地域分布を視覚的に確認するために図2-2を作成した。

全県的にみれば、高送出地域でいくつかの集団が形成されている。これは送出形態の主軸が、近隣の町村で組織された分郷移民に推移していったことを反映している。しかしそれよりも重要なことは、郡域をまたいでいる集団がいくつか確認できることである。その背景に、経済状況の同質性以上に地理的な密接関係を前提とした「バスの論理」を推察できる地域もある。

東筑摩郡波田《はた》村と南安曇《あづみ》郡安曇村は、郡は異なるものの、ともに第八次張家屯《ちょうかとん》信濃村開拓団に最も多くの移民を送り出している（安曇村全送出戸数三七戸中三五戸、同じく波田村四五戸中二六戸）[7]。波田村はD型、安曇村はA型と異なる経済類型にあるが、それぞれ多くの村民が移民に応じたのである。これは、両村が県道松本高山線（飛騨街道、別名「野麦《のむぎ》街道」）で結ばれており、それにより移民送出への互いの対応が影響しあった結果ではないだろうか。なお、この開拓団は県単位の混成移民であり、分郷移民の事例ではない。また、それぞれ事例として詳細は後述するが、分村移民形式をとった第八次大《たあ》八浪《ばあらん》泰阜村開拓団や、分郷移民形式をとった第九次索倫河《そろんほ》下水内《しもみのち》郷開拓団でも、「バスの論理」の存

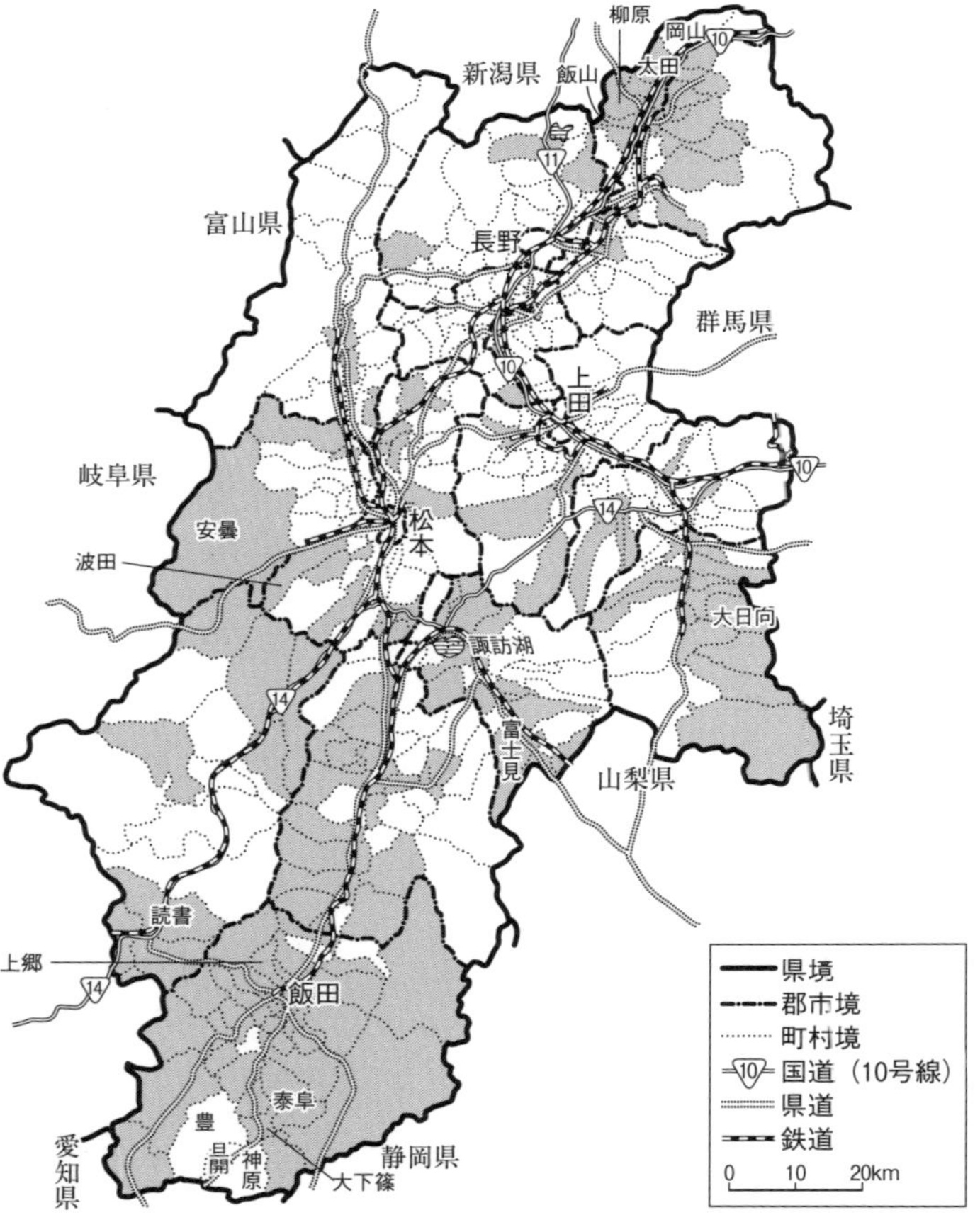

図２－２　長野県開拓団の町村別送出分布図

注：１）網かけは，表２－３で示した送出実数が上位１／３（15戸以上）に含まれる町村であることを示す。

２）市町村域に関しては，表２－３に準じる。

３）国・県道は1920年，鉄道は33年当時のものを示す。

出典：地図は，長野県『長野県史』近代史料編別巻統計１（1989），二・四事件記録刊行委員会編『抵抗の歴史』（1969）の差込付図をもとに，沿革から郡市町村境を確認し作成。

在は確認できる。したがって、「バスの論理」は、分郷やそのほかの形式の移民にも共通する送出要因であるといえる。付け加えると、読書村《よみかき》を中心とする西筑摩郡南端の高送出地域は、県最大の送出地域である下伊那郡と県道飯田中津川線で繋がっている。

経済要因以上に地縁的結合関係が主要な送出要因となった原因のひとつには、長野県、ひいては全国に共通する移民背景の質的転換が考えられる。先述のとおり、本格移民期の後期には、送出母体のみで送出目標を達成することが困難になった。このため、分村・分郷に限らず範囲を拡大して移民の募集にあたった。これが、経済の同質性よりも地縁的結合が送出分布に大きく影響する結果を生んだと考えられる。

最後に、本章で設定した経済指標では言及できない点を補足しておく。

池上甲一は大日向村を例にとり、養蚕景気と恐慌後の生活落差の大きさを移住のプッシュ要因のひとつとしている(8)。すなわち養蚕業の比率が高ければ、それだけ生活落差が大きくなるのだが、この視点は、送出傾向を説明できるのであろうか。『長野県史』近代史料編別巻統計二ならびに『長野県統計書』に依拠して、データを確認してみよう。

本格移民期直前の一九三六年における下伊那郡の繭生産価額は約五八四万円で、これは産業総生産価額の二〇・八%、養蚕業を加えた農業生産価額の四一・〇%を占めていた。一九三〇年の昭和恐慌は養蚕業に大きな打撃を与えたが、その前年、すなわち二九年時点での産業総生産に対する割合は、三割を超えていた。三割という水準は、長野県内でとりわけ高いものではないが、当時の下伊那郡養蚕農家の一戸当たり収入額は、県の五二〇円を大きく上回る七三五円であった。昭和恐慌による養蚕業への打撃は、一九三四年にようやく底を打つ。郡市レベルの統計をみる限り、これに例外はない。この年の養蚕農家一戸当たりの収入額は、下伊那郡が一九二円（二九年を一〇〇とすると二六・二）、県全体が一三四円（同二五・八）であった。そして一九三六年は、下伊那郡三三六円（同四五・七）、県二五三円（同四八・七）と推移する。すなわち、下伊那郡養蚕農家の収入の落ち込みは、度合いとして県全体のそれと比較して大差ないとはいえ、額でみれば大きく、そこからの回復は遅れ気味であった。長野県で最大の送出地域である下伊那郡のこうした状況をみると、養蚕景気と恐慌による「生活落差の大きさ」を農業移民送出のプッシュ要因とすることは否定できない。

ところが、一九二九年現在、更級郡・上水内郡・東筑摩郡の三郡は、繭生産総価額の占める割合が下伊那郡より高い。なかでも東筑摩郡は、一戸当たりの収入額も五九一円とそれなりに高く、下伊那郡より落ち込みの度合いは強く、そこからの回復もどちらかといえば遅い。表2-1が示すとおり、その東筑摩郡の送出実数は多いが、送出比は高い水準ではない。

つまり、プッシュ要因としての「生活落差の大きさ」は否定できないものの、これが送出を大きく左右するほどの要因とはいえない。

全体として、郡市間さらには町村間の横断的な分析をすると、満州農業移民の送出と経済指標の間に有意な相関を見出すことは困難なのである。

送出の時系列分布と農村の経済状況

本節ではここまで、本格移民期直前の一九三五（昭和一〇）年、三六年のデータに基づき、移民の

表2－5　送出戸数の推移

地域	郡市	1933年	34年	35年	36年	37年	38年	39年	40年	41年～
北信	更級郡	0	3	0	24	10	13	1	116	7
	埴科郡	5	0	0	11	11	7	3	3	95
	上高井郡	4	0	0	18	8	4	23	2	74
	下高井郡	5	1	0	30	10	15	42	170	3
	上水内郡	10	2	0	22	14	19	8	7	77
	下水内郡	1	0	0	3	5	15	4	130	5
	長野市	2	1	0	2	0	1	0	0	47
東信	南佐久郡	5	1	0	33	16	222	49	124	143
	北佐久郡	1	4	0	20	16	30	131	7	42
	小県郡	8	3	0	50	10	6	15	144	85
	上田市	2	0	0	0	1	2	0	6	14
中信	西筑摩郡	0	2	0	9	6	4	160	0	291
	東筑摩郡	10	3	0	34	12	22	117	91	111
	南安曇郡	1	2	0	11	2	7	48	2	62
	北安曇郡	12	1	0	10	21	6	3	4	70
	松本市	1	1	0	0	0	4	9	0	69
南信	諏訪郡	1	5	0	16	33	22	187	5	295
	上伊那郡	9	2	0	43	68	47	41	5	293
	下伊那郡	9	1	0	76	445	55	781	3	256
	岡谷市	0	1	0	0	0	1	1	1	45
長野県		86	33	0	412	688	502	1,623	820	2,087

注：送出年次は，当該開拓団の入植式挙行日に基づく。
出典：長野県開拓自興会満州開拓史刊行会編『長野県満州開拓史』名簿編（1984），同『長野県満州開拓史』各団編（1984）より作成。

送出分布と経済状況の間に相関関係が存在しないことをみてきたが、ここではこれを時系列的にみていく。すでに第一章で、試験移民期に唱えられた満州農業移民の経済的必然性が、移民政策が国策化し大量移民が実現する頃には失われていたことを指摘したが、表2-5に示す満州移民送出戸数の推移を検討することにより、再度この事実を確認しておきたい。なお表2-5では、入植式が行われた日に基準を設定している。入植式は、開拓村設営の準備のために満州に渡った先遣隊が当地に到着したときに開催されたが、送出の大多数を占める本隊の入植は、その数ヵ月後から順次行われた。したがって、送出戸数の推移の実態は、表2-5で示した数値よりも時期的に後にスライドしていることになる。

まず注目すべきは、一九三九年である。この年、長野県の生産総価額と農業の生産価額は不況以前の水準を回復したが（表1-1）、同年以降の送出戸数は、一九三三年からの全送出戸数の七割以上を占めている。単年ではこの年の送出が最も多いが、これは下伊那郡によるところが大きい。次節で触れるが、下伊那郡では町村長会が一九三八年に既存開拓団の視察に赴き、その後強力に移民を推進していった。その結果、同郡で多くの移民団が組織されることになった。そこには先述の清水清七の言からわかるように、一九三八年二月に入植した大日向分村の影響、すなわち「バスの論理」が働いていた。

また、市部における送出が一九四一年以降に集中していることも見逃してはならない。市部からの送出は、転業移民がほとんどである。長野市からは全送出戸数のうち八割以上の四三戸が宝興《ほうこう》長野郷開拓団に、松本市からは六割近い四八戸が康平《こうへい》松本郷開拓団に、そして岡谷市の場合は五割以上の二六戸が向陽《こうよう》岡谷郷開拓団に入植している。第一二次と遅い年次に組織されたこれら開拓団は、どれも転業移民である。農村における経済の立ち直りと労働力不足は、農民の移民送出を困難なものにし、事業継続のため転業移民が送り出されることになった。これは満州農業移民が、農村において、過剰労働力の送出により適正な一戸当たりの耕地面積を確保するという経済政策的側面とは無関係に行われていたことを端的に示すものである。

さらに時系列でみた場合での、経済状況と送出の乖離を示す事例を二つ挙げよう。下高井郡の送出戸数の六一％を占める第九次萬金山《まんきん》開拓団高社郷《こうしゃ》（分郷移民）の入植式は、一九四〇年二月であった。しかし、下高井郡の「副業として重要な位置を占めていた養蚕業」(9)に関していえば、戦時インフレの影響とはいえ、一九二九年を一〇〇とした場合、養蚕農家一戸当たりの繭生産価額は、三九年ですでに一七五・八にまで伸びていた(10)。計画当初問題とされていた養蚕農家の苦境は、入植開始の時点ですでに解消されていたのである。また、先述の第八次張家屯信濃村開拓団の場合も、入植年こそ一九三九年であるが、波田・安曇両村をはじめとする村々から約半数の一三〇戸余りが入植したのは四一年三月のことであった。全県的にみても、一九三九年から四〇年にかけて養蚕農家の収入額が、恐慌以前の水準を回復しており、長野県の満州農業移民事業は、農家経済が回復してから大きく展開しているといえる。

二　事例村における送出理由

前節で検証したように、長野県からの満州農業移民の大半は、昭和恐慌による経済的低迷がその理由であったとはいいがたい。しかし、それならばなぜ「貧しいから満州へ行った」という認識が広く定着してきたのだろうか。

この疑問を解くため、送出実数がともに多く、経済類型の異なる大日向村と富士見村、そして最大送出郡である下伊那郡から上郷《かみさと》村を例にとり、移民の経緯を整理することで、各村で共通する要因を探り、なぜ「渡満＝窮乏」という認識が生じたのかを追及する。さらに、「バスの論理」は、送出分布にどのように作用しているのか、下伊那郡大下條村と下水内郡の索倫河下水内郷開拓団を事例にして検討する。

「中心人物」と「中堅人物」――南佐久郡大日向村

大日向村は、南佐久郡最大の送出村であり、本格移民期当時から移民典型村として位置づけられ、現在に至るまで最も研究蓄積がある村のひとつである。経済類型はA型（一戸当たり耕地面積小・家計高水準）である。

表2－6　渡満者の戸数割―大日向村

	全村戸数（戸）	送出戸数（戸）	送出戸数の割合（%）	送出比（%）
200円以上	1		0.0	0.0
100～200	4		0.0	0.0
50～100	5	2	1.3	40.0
30～ 50	9	1	0.6	11.1
20～ 30	15	1	0.6	6.7
10～ 20	57	12	7.8	21.1
10円未満	305	138	89.6	45.2
計	396	154	100.0	38.9

出典：山田昭次編『近代民衆の記録6　満州移民』（1978）より作成。

大日向村の分村では、渡満者の約九割が戸数割[11]一〇円未満という経済的下層に集中している（表2－6）。その始まりは、経済更生運動への「真摯なる村民の努力にも拘わらず、農家経済は年々赤字にして、負債は増加する一方[12]」という村の実情の対策を協議していた「四本柱会議」（後述）が分村計画を決議したことにある。こうしたことから、大日向村では、行き詰まった更生運動の延長線上に分村計画を実行したと解釈されることが多い。前述の高橋泰隆と池上甲一は、大日向村経済に対する視角こそ違うが、この点では一致している。

しかし郡内における経済的な位置を確認すると、農家一戸当たりの耕地面積こそ五・六反と全二三町村中二〇番目であるが、養蚕農家一戸当たりの繭価額は一二番目である。大日向村は、南佐久郡内において、際立って苦況にあったわけではない。

大日向村では、経済更生運動開始当時の青年会が中心となって「大日向村経済更生計画」が策定され実行に移された結果、一九三三（昭和八）年三月に帝国農会から表彰を受けている。その後、「鼎〔かなえ〕のわくが如し」と評されるほどに村政が混乱し、県の職掌管掌まで受ける事態に陥った。こうした事態のなか、一九三五年の夏、在京していた浅川武麿は、衆望を担う形で村長に就任した。浅川は村内指導部（村長、農会長、産業組合長、学校長）による定例の「四本柱会議」を組織し、更生運動に指導力を発揮した。この四本柱会議が満州移住問題を検討したのは、繭価額が回復し農家経済も好転しているはずの一九三七年二月一八日であった。

行き詰まった経済更生運動が、大日向村を最大級の移民送出村とした要因であるならば、更生運動の展開が、他町村と比較して閉塞的状況になければならない。しかし、当時の新聞記事は、それとまったく正反対の実情を紹介している。長野県最大の地方紙である『信濃毎日新聞』は、一九三六年一一月二日から一二月三日の三〇回にかけて、「更生運動の五年目　農村の明暗を探る」と題する連載記事を載せている。南佐久郡を取り上げた一一月二八日のそれには、大日向村が「郡下で一番よく行つてゐる村[13]」と評価されている。また、このような認識は、中央でも共有されていたと思われる。橋本伝左衛門や加藤完治など、満州農業移民推進論者の論稿を掲載した『満洲農業移民十講』において、農林省農林技師の遠藤三郎は、初期の分村計画の実態を以下のように記している。

なるほど現在の分村計画町村の例に見ると更生計画の比較的進展したる町村、比較的資源豊かなる町村が

先づ分村の理想に向つて動いてゐることは事実だ。(14)

『満洲農業移民十講』の発行は一九三八年九月であり、当時分村計画の典型村として大いに喧伝されていた大日向村が、「現在の分村計画町村」として意識されていたことは、大いに考えられる。

大日向村が進める経済更生運動を肯定的に評価する『信濃毎日新聞』の記事が掲載されてから三ヵ月も経たない間に、移民問題は指導部で議題に挙がり、そして全村的な対策として浮上している。したがって、大日向村指導部が当初認識していた更生運動の閉塞感とその原因である経済的不振は、決して移民の送出要因とはいえない。経済状況も、更生運動との連続性も、「窮乏からの」という意味で大日向村が最大級の送出村となった原因ではないのである。

村民個々人が移民に踏み切った理由として頻出しているのが、開拓団長に選出された産業組合専務理事堀川清躬《きよみ》の存在である。堀川の人望が大きな要因となったことは、これまでの研究蓄積からも明らかにされている。その堀川の背後には、浅川をはじめ村政指導部がいた。「郡下で一番」という経済更生運動を展開しえた村政指導部には、実績を背景とした指導力も備わっていたであろう。四本柱会議の構成員をみると、いわゆる村内名望家層を中核とした「中心人物」であったといえよう。それにいわば「貧困層のエース」である堀川が加わることにより、分村計画指導部は、全村的な支持を得やすくなった。さらに、村政の混乱期を通じて、村政指導部と県当局との関係は、緊密なものになっていた。県当局と堀川を含む村当局をバイパスにして、村民が国家的政策に組み込まれやすくなる構造が、他町村以上に明確であったといえる。大日向村の移民は、「中心人物」と「中堅人物」のあり方が最大の要因となっている。

耕地不足対策としての限界——諏訪郡富士見村

富士見村もまた、南佐久郡における大日向村と同様、諏訪郡最大の送出村である。経済類型は、最も恵まれた経済状態であるD型（一戸当たり耕地面積大・家計高水準）に分類される。諏訪郡二一町村のなかでみても、一戸当たり耕地面積と一戸当たり繭価額がともに四番目に大きく、比較的恵まれた経済状態にあった。富士見村の戸数割の平均は一九円五五銭であり、表2-7が示すように、移民の約七割が平均以下の層であることから、やはり移民の主軸は下層農民にあった。

表2-7　渡満者の戸数割―富士見村

	全村戸数（戸）	送出戸数（戸）	割合（%）	送出比（%）
200円以上	1	1	0.7	100.0
100～200	15	3	2.0	20.0
50～100	57	9	5.9	15.8
30～ 50	114	19	12.4	16.7
20～ 30	82	17	11.1	20.7
10～ 20	159	31	20.3	19.5
10円未満	422	73	47.7	17.3
計	850	153	100.0	18.0

注：原資料で19.55円とされているものは，20円として処理した。
出典：帝国農会『富士見村の分村運動に就て』（1942）より作成。

とはいえ、富士見村の移民において最も特徴的なことは、平均以上の層の移民も多いことにある。その原因について、高橋泰隆は農村地帯である神戸《ごうど》部落から自作農中・上層が移民にかなり参加したことによるものであるとし、その神戸部落のありようを方向づけたのは、同部落の「中堅人物」たちであるとしている(15)。

富士見村では、一九三三（昭和八）年に経済更生委員会が組織され、三六年七月に経済更生計画書が策定された。この計画書に移民事業は、「国県ノ奨励ト相俟ツテ二三男ヲ海外（満洲）へ移民セシム」(16)として盛り込まれている。しかし大日向村と同様、諏訪郡内における富士見村の経済的な地位からすれば、計画書が憂う「経済難局」は、送出の最大要因とはいえない。

「二三男ヲ満州へ移民セシム」という方針は、一九三八年の農村経済更生特別助成村指定と四月および一一月の村民総会を経て、中農層の全戸移民を視野に入れた方針へと変化していく。村民総会において、現役の村長であった樋口隆治が、開拓団長として率先して満州へ渡る決意を示したことが、中層以上の農家の移民を実現した大きな要因となった。さらに、一九三五年一〇月に結成された富士見村皇国農民団[17]の活動が、経済更生運動や分村計画の推進に大きな役割を果たした。富士見村の分村計画は、「中心人物」である樋口村長と、自作農中堅を軸とする（その意味で「中堅人物」的な役割を果たす）皇国農民団が参加することで、全村的運動として推進される構造をつくった。また、加藤完治の薫陶を受けた皇国農民団によって、国家的運動との直接的な繋がりをもち、村内の経済事情にかかわらず、移民事業が展開されうる土壌が形成されていた。

経済状況が移民の展開地域と一致しない最大の原因は、経済政策としての満州農業移民の限界にあると思われる。満州農業移民の送出は、農村にとって当時最大の関心事であった二三男問題、言い換えると土地飢餓問題の解決策として捉えられていた経済政策としての側面がある。土地飢餓は、将来的に農地が不足するという危惧とともに、現段階において耕地が不足しているという認識に基づいていた。内地の開墾による耕地の大幅な増加が見込めない以上、農民の大量移民により一戸当たりの耕地面積を拡大し、農家経済の安定を図る必要があった。大日向村や富士見村に限らず、多くの分村計画は、このことを重視している。

ところが国策である満州移民をもってしても、戦前日本社会の根幹である地主的土地所有の解体まで踏み込めなかった。地主制が日本経済にとって桎梏《しっこく》となっていたことは、当時から認識されていた。農業生産の面だけをとっても、地主の存在はその増進の阻害要因であり、そのため戦時農政下では直接生産者に有利な形で二重米価制がとられたほどである。しかしながら、彼ら地主の多くは、名望家として末端行政を担う立場でもあった。一九二〇年代から三〇年代にかけて、村政レベルでの民主化が進んでいたことはあったが、彼らに代わる末端行政の担い手は、いまだ充分に育っていなかった。地主制の解体は、末端行政の崩壊に繋がる恐れがあったのである。

地主所有地の再分配が事実上できないのであるから、土地飢餓対策として移民がより適切であるためには、自作中農層の移民によって多くの耕地が母村に余らなければならない。ところが、母村で比較的広い耕地を所有していれば、移民に応じる動機はそれだけ希薄となる。このように経済政策としての満州移民は、計画と実施の間に埋めがたい矛盾を内包していたのである。これに加えて、農家経済の回復が重なるのであるから、農村不況対策として満州移民を推進することが困難になっていったのは、当然の結果であった。

富士見村において、経済政策としての移民事業の限界を乗り超え分村計画の推進に寄与したのが、皇国農民団に参加した人物たちであった。このことは、富士見分村の開拓誌でも「分村運動の中途―昭和十四、五年頃の財界好転と共に村内浮動階級の動揺を来し、一時障礙〔しょうげ〕を及ぼしたが、よくこの難関を切ぬけたのは、全く皇国農民団の力に因る所多く(18)」と特筆されている。

自作農中・上層が移民に応じた原因は、外的には皇国農民団による働きかけにあったが、内的要因として根強い出稼ぎ意識があったと思われる。富士見村は出稼ぎの多い村であり、そのなかで「最も特異な存在」[19]は行商であった。富士見村の行商は冬の農閑期に営まれ、一年間の貸付売り、すなわち物品を渡した翌年に代金を回収するという形態をとっていた。こうした相当な資力を必要とする行商形態を営むのは、当然のことながら中流以上の資産家が大半であった。彼らは、国策であると承知する一方で、満州移民すらも出稼ぎ感覚で応じたと思われる。富士見村では、移民により自作地の耕地六五三・三反歩が母村に残された。そのうち、一八二・〇反歩が未処分のままとなり、処分された土地のなかでも個人への貸付が九〇・二反歩、親戚管理が二〇四・四反歩であった。[20]残された自作耕地の七三％にものぼるこれらすべてが、帰国後の移民者への耕地返還を意味するわけではないが、出稼ぎ感覚による移民が多くいたことを物語っている。[21]富士見村の満州農業移民は、皇国農民団の活動と村の経済構造に起因する出稼ぎ意識により、経済政策としての満州農業移民の限界をなんとか克服していたのである。

大陸政策としての満州農業移民——下伊那郡上郷村

経済政策的に行き詰まる事態に直面したことで、大陸政策としての性格を前面に打ち出すことにより、移民事業の継続が図られるようになったと考えられる。大日向村と同じくA型（一戸当たり耕地面積小・家計高水準）に属している下伊那郡上郷村の送出の実態をみると、移民の経済政策的側面と大陸政策的側面の両面が、色濃く反映されていることが判る。

下伊那郡三七町村（飯田市を含む）における上郷村の送出および経済的な位置を確認すると、送出数が六番目、送出比が一四番目、耕地面積が二一番目、繭価額が四番目に大きい（表2-8）。送出上これといった特色はないが、狭い耕地面積と高い家計水準というA型の特徴がよく現れている村である。

上郷村は一九三三（昭和八）年四月に経済更生計画を策定している。この『上郷村経済更生改善計画書』は、本格移民期以前に策定されていることもあり、その内容に移民計画自体は含まれていない。しかし、「現在ハ誰モ何モ非常時ヲ口ニスル」[22]とあるように、時局に対する危機意識はすでに現れていた。この「非常時」は、経済状態のみを指していることも考えられるが、この一九三三年は長野県を揺るがした二・四事件が発生した年である。事件を伝える記事は連日掲載されていくが、四月になると事件報道が禁止された（報道が解禁されたのは同年九月一五日）。一方で一九三三年の上半期は、二・四事件の報道と並行して、大陸への軍事的展開の報道が新聞紙上をにぎわしていた時期にあたる[23]。したがって、いかに更生計画における「非常時」とはいえ、その中身は経済的な側面、社会的な側面、軍事的な側面など広い範囲が射程に入っていると考えられる。更生計画がこうした広い意味をもつ「非常時」意識をベースにして策定されていたことを、ここで確認しておきたい。

そうした村内情勢や村民意識のなかで、上郷村の移民事業は展開されていた。上郷村から移民した全七〇戸中四一戸が入植した第五次水曲柳《すいきょくりゅう》開拓団の入植式は一九三七年三月、一二戸が入植した第八次大古洞《たいこどう》下伊那郷開拓団の入植式は三九年二月のことである。前者は分散自由移民であり、後者は分郷移民であるが、どちらも送出母体は下伊那郡町村長会であるので、上郷村の移民事業は下伊那郡一円の取り組みのなかに含まれていたといえる。

両開拓団入植式の中間の時期である一九三八年五月から、母体となった町村長会は移民地の視察を

表2－8　下伊那郡の開拓団送出状況と経済指標―送出比順

町村名	開拓団送出指標		経済指標		
	実数（戸）	対現住戸数送出比（‰）	耕地面積（反/戸）	繭価額（円/戸）	経済類型
上久堅村	143	208.5	4.4	242.3	A
清内路村	67	160.3	3.9	258.2	A
泰阜村	169	148.9	5.9	327.9	A
川路村	73	147.2	6.2	488.0	A
智里村	65	134.0	4.7	285.6	A
千代村	104	120.5	5.1	438.6	A
飯田市	73	109.1	5.1	327.1	A
河野村	50	94.0	6.5	385.8	A
浪合村	47	89.7	3.8	137.4	B
伍和村	36	80.7	7.7	267.2	D
根羽村	39	72.2	4.7	109.3	B
竜丘村	50	60.4	6.0	508.2	A
神稲村	66	56.7	5.9	326.2	A
上郷村	70	56.5	5.5	443.8	A
会地村	34	52.1	3.9	243.4	A
竜江村	35	41.1	5.1	435.3	A
座光寺村	22	40.1	6.8	415.9	D
喬木村	67	39.9	6.7	297.6	D
市田村	48	37.5	7.4	315.9	D
大下條村	28	35.7	5.0	220.1	A
山本村	28	35.3	8.4	277.0	D
伊賀良村	43	33.2	7.5	392.5	D
松尾村	37	31.0	5.3	356.1	A
平岡村	21	27.7	2.8	237.0	A
下久堅村	24	27.0	5.6	315.7	A
神原村	9	26.7	4.6	188.4	B
下條村	24	24.6	7.4	290.8	D
富草村	20	24.3	8.1	254.0	D
生田村	13	24.0	6.0	269.2	A
大鹿村	23	23.5	4.9	166.1	B
三穂村	10	22.8	7.6	350.9	D
山吹村	12	20.7	7.7	446.1	D
和田組合村	19	19.2	3.0	108.1	B
旦開村	10	18.4	5.8	113.5	B
鼎村	25	16.7	5.7	372.4	A
大島村	15	16.1	6.8	293.0	D
豊村	7	10.8	6.9	183.8	C
下伊那郡	1,626	45.0	5.8	307.8	

注：網かけは，表2－1に準じる。ほかは，表2－3に準じる。
出典：表2－3に同じ。

行い、『満洲農業移民地視察報告書』（以下『報告書』）をまとめ、八月の発行に至った。ここで興味を引くのは、一九三七年七月の盧溝橋事件に端を発する日中戦争の全面化の影響が、『報告書』に色濃く反映されていることである。そこには移民事業が、郡下農業の深刻な情勢に対する経済政策であるとともに、「対満政策の一基調(24)」であることが謳われている。後述する『大日向村報』で確認される大陸政策と移民事業の密接な関係が、下伊那郡においても共有されていたのである。

さらに、『報告書』は結論として、「この移民の本質は、内地の人口問題の解決も勿論であるが満洲国建設の精神的要素と完全に結びつく所にある」としたうえで、

> 政府或いは府県の移民機関はこの指導者の選任、養成等に就いて最大限の関心を払わなければなるまい。（中略）移民を送りだす内地の諸機関に就いても、この言葉はそのまゝあてはまるのではないかと思ふ

とし、指導的役割を担う「人的要素」を移民の成功に関して最も重視している(25)。

経済政策としての満州農業移民は、破綻をきたしていた。ところが、満州居住の日本人を増やすという大陸政策的な狙いからすれば、農村の事情に鑑みる必要がなく、とにかく移民を送ることに主眼が置かれることになる。この場合、貧困層の移民は、計画に何ら矛盾せず、それどころか、移民に応じやすい点において、計画がより推進しやすい作用をもたらす。大陸政策的側面の強化と農村経済の回復は、実態はどうであれ、とにかく移民を送り出さねばならないという論理を導いていく。その結果、上郷村の移民は、表２-９で明らかなように、送出戸数のうち戸数割判明分の圧倒的多数（三三戸

表2－9　渡満者の戸数割―上郷村

	全村戸数（戸）	送出戸数（戸）	送出戸数の割合（%）	送出比（%）
200円以上	4		0.0	0.0
100～200	11		0.0	0.0
50～100	20		0.0	0.0
30～ 50	39		0.0	0.0
20～ 30	35		0.0	0.0
10～ 20	111	1	3.0	0.9
10円未満	961	32	97.0	3.3
計	1,181	33	100.0	2.8

注：送出戸数は，戸数割判明分のみ。
出典：前掲『長野県満州開拓史』名簿編（1984），『昭和十年度上郷村村税特別税戸数割各人納額議決書』（飯田市歴史研究所所蔵）より作成。

中三二戸）が一〇円未満というほど、経済的下層に集中したと考えられる。

そうした大陸政策的側面は、大日向村民にも周知されていた。大日向村村長の浅川は、『大日向村報』第二号に掲載された論稿のなかで、満州分村建設が「村民生活の安定」、「より良き村の実現」、「国策遂行」という「一石三鳥の御奉公をなし得る」との認識を示していた[26]。この翌号には、①国民政府とその背後にいる英露との戦争遂行のため農業生産性向上を図る、②内地での農業生産力を補う、③戦争遂行に必要な資源確保のための治安維持を担う、の三つの理由から、日中戦争の長期化に備えて「出来る丈、すみやかに出来る丈多く、出来る丈確実に満州に日本民族の新分村を建設することが一番である[27]」という農村更生協会理事の杉野忠夫の談話が掲載されている。こうした浅川や杉野の論稿や談話は『大日向村報』初期の巻頭を飾っており、それだけに大陸政策による移民を強く訴えるものであるといえる。また、別の論説では、「村ノ何処《いずこ》トナク噂ニ本村ノ経済更生計画ヲ考ヘ違ヒヲナシ満州移民ヲ以テ経済更生ノ本分ガ足レリト言フ考ヘ」があることを述べたうえで、

満州移民ハ国家的ニ言フナラバ日本ノ現場ヨリ戦線ノ勇士ヲ□グ者デ有ル事ハ明瞭ダ。其レハ言フ迄モナ

ク大陸日本ヲ建設スル上ニ鍬ノ戦士ナクバ何時迄モ其ノ目的ヲ達成スル事ハ出来得ナイ[28]

としており、ここでも大陸政策的な送出理由が、経済的な送出理由の上位に位置づけられている。しかし、満州移民によって経済更生が果たされたという「考へ違ヒ」があること、さらには浅川の村長再任に際して、「誰でもいゝ。外にない。再任して更生移民の責任を果たすべきだ」[29]〔傍点——引用者〕という意見があったことからうかがえるように、実態として村民レベルの意識では、更生と移民が不可分の関係とみられ、移民送出の一義的な理由は、経済更生にあると捉えられていたのである。農家経済が好転すれば移民計画が維持できなくなるのも当然である。「二十ヵ年百万戸」の国策遂行のためには、大陸政策的側面を強調するよりほかはなかったものといえる。富士見村皇国農民団員も、まさにこの大陸政策的側面を村民に訴えることで、「難関を切ぬけた」のである。

移民政策の立案過程をみると、当初は移民による人口過剰問題の解決が明言されていた。しかし、一九四二年一月に発表された満州開拓第二期五ヵ年計画は、この問題に触れていない[30]。こうした国の転換よりも早い時期から、分村の実施には、経済的窮乏というよりも大陸政策的背景が大きな比重を占めていたということが、分村移民を概観することで明らかなのである。経済的下層を中心に移民団が組織された大日向村や上郷村の例は、経済政策としての論理での移民でなく、移民の推進そのものに力点が置かれた移民といえる。そして、移民団が結果として経済的下層を中心に組織されたことにより、「貧しいから満州へ行った」という認識が広く定着したと考えられる。しかし、内地の耕地規模を拡大するという経済政策的な合理性をもたないなかで「貧困＝渡満」という図式が成り立っていることは、強調しておかなければならない。

移民熱の伝播と「バスの論理」——下伊那郡大下條村および索倫河下水内郷開拓団

地縁的結合関係が、下伊那郡泰阜村や南安曇郡安曇村と東筑摩郡波田村においても、移民送出の要因として注目できることはすでに述べた。では、その「バスの論理」は、送出分布にいかに作用しているのであろうか。

表2-8によると、下伊那郡大下條村は、実数において下伊那郡全三七町村中二一番目、送出比において二〇番目に位置する。一方、経済指標では、耕地面積が二七番目、繭価額が三〇番目であり、先の上郷村よりも経済的に苦しい状況にあった。しかし、その上郷村よりも移民を送出しなかった。「中心人物」のありようが送出の重要な要因になっていることは、これまで確認してきたことであるが、大下條村が上郷村よりも送出しなかった大きな要因もまた、分村移民に反対した中心人物、村長佐々木忠綱にあった[31]。

佐々木が村長に初めて就任したのは、一九三七年五月から四〇年九月までであった。したがって、下伊那郡町村長会による移民地の視察に佐々木は参加している。町村長会は、この視察により『報告書』をまとめ上げて国策追従路線を明確に打ち出したが、佐々木が分村に反対の立場をとったのもまた、この視察の結果のことであった。佐々木は、入植地が現地民からの略奪地であること、ならびに満州における日本人の高慢な態度に危惧を抱いたのである。佐々木の分村拒否の姿勢は、強固であった。下伊那郡選出の衆議院議員中原謹司からは、「お前の首を切るくらいのことは、世話ないぞ」と脅かされたこともあったという[32]。中原は長野県教員赤化事件の際に、信濃教育会に対して最も強くその責任を追及した人物であるが、これについては次の章で詳述する。このように、国策に盲従する勢力から分村を強く迫られた佐々木ではあったが、一九四三年一月に村長に再任されてもなお、終始拒否の姿勢を貫き通した。

しかし、そうした佐々木をもってしても、満州分村を推し進める「バスの論理」には抗しがたかった。第八次大八浪泰阜村開拓団に、大下條村渡満戸数二八戸のうち最大の一一戸が入植した[33]。この本隊が渡満したのは一九四〇年七月までであり[34]、佐々木在任中に該当する。すなわち、佐々木の姿勢とは裏腹に、大下條村の村民が隣村である泰阜村の分村に個人単位で応じたのである。これは泰阜村開拓団が、村内だけでは目標とする戸数を確保できず、近隣の村にも募集範囲を広げたことに起因しているが、地縁的結合を軸に展開する「バスの論理」は、ときとして当該地における「中心人物」のありよう以上の要因として、移民の分布に影響を与えていることがうかがえる。

また、大下條村以南の豊《ゆたか》村・旦開《あさげ》村・神原《かみはら》村は、どの村でも村長が町村長会の視察に参加しているが、送出実数は少ない。図2-2をみると、この三村は移民の一大中心地である泰阜村の近村でありながらも、その泰阜村との間に大下條村が位置している。大下條村と神原村は遠州街道で繋がっているとはいえ、越境区間がいささか難所である。それに対して大下條村の南東に位置する平岡村は、一九三六年に泰阜村方向から三信《さんしん》鉄道（現在のJR飯田線の前身のひとつ）が延伸していたほどである。泰阜村との地域的繋がりは、三村よりも強いといえる。平岡村から満州へ渡った全二一戸のうち一四戸が泰阜村開拓団に入植したが、後述する移民体験の語り部もまたその一員であった。大下條村は、

表2-10　下水内郡の開拓団送出状況と経済指標―送出比順

町村名	開拓団送出指標			経済指標		
	実数		送出比	耕地面積	繭価額	経済類型
	全体（戸）	下水内郷（戸）	（‰）	（反/戸）	（円/戸）	
外　様　村	26	24	79.5	8.9	108.5	C
太　田　村	35	30	52.6	7.4	85.0	C
秋　津　村	17	16	31.7	7.2	192.1	C
柳　原　村	17	14	26.4	7.5	69.7	C
常　盤　村	19	14	26.1	6.9	107.2	C
水　内　村	6	5	16.4	4.9	58.4	B
豊　井　村	10	7	15.4	4.4	161.6	B
岡　山　村	10	8	15.0	6.4	79.1	B
飯　山　町	21	11	12.3	3.8	136.0	B
永　田　村	2	1	4.0	6.4	117.8	B
下水内郡	163	130	24.0	6.3	112.4	

注：表2-4に準じる。
出典：表2-3に同じ。

泰阜村から「バスの論理」が広がっていくうえで、豊村・旦開村・神原村からみれば防波堤のような役割を果たし、平岡村からみれば、三信鉄道の延伸が示すように、さほどの障壁とならなかったといえよう。

一九四〇年二月に入植式が開かれた第九次索倫河下水内郷開拓団の送出もまた先述の第八次張家屯信濃村開拓団の事例と同様に、経済要因以上に地縁的結合関係が強く影響を及ぼしている好例といえよう。この開拓団には、下水内郡全町村における送出の八割近くが加わり入植している（表2-10より、一三〇／一六三）。下水内郡において、実数・送出比ともに県下全三七三町村の上位三分の一に入る高送出村は、五ヵ村すべてがC型（一戸当たり耕地面積大・家計低水準）であり、それ以外の五町村はすべてB型（一戸当たり耕地面積小・家計低水準）である。すなわち、養蚕農家の家計水準にかかわらず、一戸当たり耕地面積が大きい村々で送出が進み、小さい町村では低調な送出に留まっている。ここには、経済政策面での最大課題であるはずの農耕地面積の適正化が、移民の論理としてまったく作用していない。下水内郷開拓団は、そもそも当初、「二、三か町村を母体として、県内外の開拓地に送り出す計画であった」のが、「下水内郡一円の分郷に発展」したのである[35]。この「二、三か町村」とは飯山町・柳原村・太田村を指すものと思われるが、実際の送出の分布も飯山・柳原を中心とした村々に限定されている。郡一体を網羅する分郷移民とはいえ、その送出分布は、地縁的結合関係の強い影響下にある。また、この下水内郡における高送出町村の集団は、ほぼ同時期に送出された第九次萬金山開拓団高社郷の母体となった下高井郡における高送出町村の密集地帯と隣接している。この地域の郡境は、急峻な山岳による稜線ではなく、河川（千曲川）である。両地帯は、決して分断されていないのである。図2-2をみても、両地域が飯山を起点にして国道および県道で繋がっていることが判る。現に、一九五六年に飯山市に編入された太田村や岡山村に先駆けて、五四年の飯山市制施行時には、下高井郡から二ヵ村が合併に参加している。このことは、「バスの論理」が両地帯で互いに作用しえたことを示唆している。

三　個別の渡満理由

これまで、本章では、送出における郡市・町村レベルでの背景をおもに検証してきた。しかし、農業移民として実際に満州へ渡った人たちが、各戸ないし個々人で異なる事情を抱えていたのはいうまでもない。彼らそれぞれの送出背景をみなければ、本書が最大の課題としている「人びとはなぜ満州へ渡ったのか」という問いに、充分に答えられないだろう。そこで本節では、証言記録や当時の記録をもとにして、それぞれの渡満事情や背景に迫っていきたい。

証言記録からみる送出背景

二〇〇二（平成一四）年四月、「開拓団の歴史を記録して、風化させることなく後世に残」すべく「満蒙開拓を語りつぐ会」が、長野県飯田市に発足した。翌年二月には、その最初の成果である『下伊那のなかの満洲』第一集が発刊されている（以下、単にシリーズと表す）。以来一〇年にわたり、「聞きとり」から「聞き書き」とサブタイトルの一部が変更されながら、シリーズの公刊が続いた。

もちろんそれまでにも、多くの証言集や元移民による回顧録が公刊されている。しかし、これらの多くは、叙述の中心が一九四五年八月のソ連満州侵攻にともなう逃避行に置かれており、なかには満州での生活に言及しているものもあるが、本書が課題にしている渡満の動機とまでなると極端に少なくなる。とりわけ、回顧録にその傾向が強いといえる。この理由のひとつはもちろん、逃避行が最も鮮烈な記憶を当事者に遺したからであろうが、これとは別に、満州農業移民がアジア太平洋戦争における日本人の被害性をベースに戦争の悲劇を語る題材として位置づけられてきたことにも、理由を求められよう。

ところが視点を現地側に移せば、満州農業移民の加害性が否応なく浮き彫りにされる。長野県歴史教育者協議会編『中国の人々から見た「満州開拓」「青少年義勇軍」』には、現地側十数人の証言などが収録されているが、そこに描かれているのは一貫して侵略者としての満州農業移民の姿である。(36)

満州農業移民の被害性なり加害性なりを直接論じるのは、本書の課題ではない。ただそのいずれの側面を重視しても、民衆に深い爪痕を遺した満州農業移民事業は、いわば暗い歴史として語られてきたといえる。元義勇隊員が語った「（暗い話ばかりではなく）普通の生活が満州にあったことにも焦点をあてて記録して欲しい」[37]という願いは、こうした満州農業移民の語られ方が画一的であることを示している。

ともあれ、満州農業移民事業の証言を丹念に掘り起こすには、語り部である体験者の意識はもちろん、聞き手の粘り強い活動や、そこから生まれる語り部との信頼関係が必要不可欠である。以下、丹念に掘り起こされた証言のなかから、本書の問題意識に関連する箇所を引用していく。なお、個人の固有名詞は省略し、引用者が〔　〕内で説明を加える。また、シリーズの記録は、語り部の言葉そのままが収録されている場合もあれば、聞き手によって書かれた場合もある。

さて、丹念に掘り起こされた証言とはいえ、本書が歴史書である以上、一定の史料批判を踏まえなければならない。これに関して、シリーズ第三集の序文にある次の文章に対する考察をもって史料批判に代えたい。

ここでの聞き書きは語りの「裏」を取るようなことはしませんから、そこには思いこみや勘違いや何らかのバイアスも当然ながらあり得るでしょう。本聞き書き集は語り手のリアリティを重視する立場ですから、それら一切合切を意味あるものとして受け入れ、事実関係は客観的でなくてもいいという立場をとっています。[38]

この節の意図は、（多くの場合、渡満決断者の被保護者としてではあるが）当事者がどのような理由で渡満したのかを証言をもとに描くことにある。この場合、渡満に至った経緯や原因は、客観的事実以上に、当事者の主観的な判断に左右される。したがって、「語り手のリアリティ」こそが、当事者がなぜ満州に渡ったのかをみるうえで、大きな意味をもっている。もちろん、事後的な出来事や環境が、当時のリアリティを歪めてしまっている可能性は排除できない。しかし、当事者のリアリティこそが、当事者の渡満動機にとって決定的に重要な意味をもつことには、変わりがない。

さて、シリーズ第一集には五人の語り手が登場する。うち二人が父親に従って開拓移民として渡満した。そのどちらも、渡満時期は一九四〇年であり、入植したのは泰阜村開拓団であったが、両者が語る渡満動機はまったく異なっている。一人は父親が線路工夫として勤めており、一家で製材所を営み、泰阜村にあった母親の実家に暮らしていたというが、次のように語っている。

昭和初期の経済不況ということもあったと思いますが、その製板（製材所）も巧くいかなくなってしまい、これでは兄弟とも暮らしていけないということになり一家で満州に行くことになったと聞いています。(39)

昭和初期の不況とは、おそらく昭和恐慌を指すのであろう。これまで述べてきたように、昭和恐慌が一九四〇年頃まで尾を引いていたことは、あまり考えにくい。しかし、繰り返すが、実際にどうだったかというよりも、どう感じたかの方が、個々人の渡満動機をみるうえでは重要である。この証言には、貧しかったから満州に渡ったという巷間《こうかん》の解釈が、そのまま通用する。

もう一人の語り部は、平岡村で農業を営んでいた父に従い渡満した。その動機について、

渡満にあたっては、〔語り部当人が〕子どもであったために、詳しい経緯は知らないらしいが、〔語り部の父は家の〕たった一人の跡取りであり当主であった。〔語り部の父は〕当時部落長をしており、割り当ての戸数があったらしいので、なんらかの責任を感じて行ったのではなかろうか(40)

と語ったという。ここでいわれている農業移民の割当の実態は確認できないが、第三章で述べる青少年義勇軍の送出では、国―県―市町村の各レベルで確認できる。ともあれ当主でありながらも「部落長としての責任」で満州へ渡ったという点は、「バスの論理」を想起させる。ほかにも「中堅人物」の勧誘が果たした役割など、「バスの論理」を彷彿とさせる事例は、このシリーズの随所にみることができる。

満洲のことを研究しているうちに〔村会議員など村の重要な仕事をしていた〕おやじさんも満洲の事で夢中になって、ほうぼうの人にすすめておった。(41)

〔開拓団員として行く決意をした一番の理由を聞き手に尋ねられ〕特に、何という理由はないけれど、〔当時村議会にいた人に〕勧められたし、これからの自分の行く末を考えた。(42)

〔幻灯《げんとう》会で満州やブラジルへの移民熱に感化されていた頃、当時の産業組合理事が〕一所懸命になって、足を運んでくれたんですよ。(43)

〔村会議員をしていた父が団長になり分村事業が軌道にのったようだと語り、〕「〔語り部の父〕さんなら」って、わりかし人望もあったんじゃないのかな。(44)

もちろんシリーズには、幻灯会やポスター、標語といった、さまざまな経路で喚起された満州への憧れがきっかけと語る証言や、貧困から逃れるため、先に渡満した家族や親族からの勧誘、はたまた「お国のため」という意識など、多岐にわたる個人的理由が語られている。多様な渡満動機の存在は、経済状況ばかりでなく、ほかの要因をもってしても、送出状況を一義的に説明することが困難であることを示す。蘭信三は、渡満の意志決定メカニズムを「いくつかの押しの要因と引きの要因によって他所（満州）への移住が潜在的に用意され、それが何らかの出来事をきっかけ（引き金要因）として顕在化され、個人の人間関係や周囲の社会関係や移住事業によって満州移住へと通路づけられ」たものと説明している。(45)

しかしこれでは、長野県が最大の満州農業移民送出県となった理由を明確にできない。ここに踏み込むとき、蘭が結論づけた、(46)移民行政当局による移民奨励が大きな決定要因として働いた満州移民の送出メカニズムを踏まえても、そしてこれまでみてきたさまざまな要因のなかでも、注目すべきなのは「中心人物」や「中堅人物」の存在と役割である。

彼らが機能した前提については、第四章で述べるので、ここでは長野県が最大の満州農業移民送出県となった理由に繋がるであろう、彼らと長野県に関するデータをみてみよう。

経済更生運動における「中心人物」と「中堅人物」の役割分担については、前章で大門正克の説を引用して説明している。更生運動は、農村の恐慌対策として「農山漁村経済更生計画」を各町村が樹立することを要求した。長野県での計画樹立町村数をみると、計画開始からわずか三年の間に、全国最多の三六三もの町村（全町村の約九五％）にのぼっている。[47]また、更生運動の枠組みに規定された特別助成指定町村数においても、長野県は全国最多である。[48]その選定基準は、「町村内ニ中心人物ガ存在スルコト」が要件のひとつとなっていた。[49]

多くの経済更生計画は、不況対策の一環として満州移民を視野に入れていた。そのことは、結果的に「窮乏＝渡満」の図式を定着化する要因となったと考えられる。だがそれ以上に、ここで強調すべきは、長野県には、各町村に満州移民の推進者となる人物が、全国的にみて多数存在していたことが推察できることである。長野県が最大の送出県となった背景を考えるうえで、「中心人物」の存在に改めて着目する必要があろう。

満州および開拓に対する意識

多くの県民が満州農業移民に動員された要因は、移民を推進した「中心人物」や「中堅人物」による働きかけであることは疑いえない。しかし、いかに強い働きかけがあったとしても、動員される側にそれを受容する素地がなくては、「笛吹けど踊らず」である。その点、富士見村における「出稼ぎ意識」は、動員される側の内的要因である。しかし、これは富士見村の特徴であり、長野全県に一般化しえる要因とはいえない。また、「出稼ぎ意識」にしても経済的な要因であり、事業継続の要因である移民の大陸政策的側面とは直接の関係がない。大陸政策的側面の受容をもたらした原因を考えるには、満州に対してどのような意識があったのかを確認していくことが重要である。この点は、農民運動との関連と同様、畠山次郎がすでに触れていることでもある(50)。

一九三三(昭和八)年に信濃教育会は満州視察団を派遣した。これによる満州視察報告書には、満州人や中国人に対する蔑視はなく、欧米人に対する意識と中国人に対する意識を「近醜遠美」として、むしろそれを戒めている記述もある。

中国人を低級低級と即断するならば、誤れるも甚だしい。日本人の少年が中国に対して正しい理解のないことは当然すぎるほど当然である。そして徒〔いたず〕らに自尊心を持ち、優越感を有してゐる。恐るべきことだと思ふ。中国の子供が、日本の子供に比し記憶力に於て、忍耐力に於て、手芸の綿密に於て、習字に於て、遙かに勝つてゐることを知らねばならぬ(51)。

しかし、戒めは裏を返せば、当時の日本人が中国人に対して優越感をもっていたことを意味するにほかならない。この報告書には、満州人児童を対象にした日本人に対する意識調査結果が収録されている(52)。日本人の短所として「満州人に対して不親切なこと」を挙げた児童は「最も多数」にのぼり、「日本人は満州人に対して親切であるか如何」という問いには、「奴隷視するものが多い」が「大多数」で、「誰を見ても苦力〔クーリー〕のやうに考えてゐる」と「稍々〔やや〕多い」児童が答えている[53]。また、日本人小中学生が満州人を馬鹿にしたり打ったりしていることを短所として挙げている。満州移民初期のこうした満州観は、信濃教育会視察団の願いも空しく、一貫して改まることはなかった。

大日向開拓団長の堀川清躬は、次のように報告している。

> 地区内ニハ満鮮人ノ部落二十一アリ、満人約四千、鮮人約二千人居住シ、満人ハ畑ニ、鮮人ハ水田ニ各々耕作ニ従事シツヽアリ、然ルニ吾人〔ごじん〕ガ入植ト共ニ逐次多地方ニ移転ヲ命ゼラレ、二、三年後ニハ其大部分ノ満鮮人ハ当地区ヨリ退去スルノ運命ニアリテ其ノ境遇ニハ一掬〔いっきく〕ノ涙ナキニシモアラズ[54]〔傍点——引用者〕

また、『大日向村報』に寄せた「四家房〔しかぼう〕入殖現地踏査概況」では、

> 考慮スベキハ一般ニ民衆来ラバ作地ヲ取上ゲラレ耕ス可キ地ナカリセバト心配ノ情各所ニ認ム吾身ノ痛サヲ以テ彼等ヲ指導スルノ要アリ[55]〔傍点——引用者〕

とあるように、分村が現地人の既耕地買い上げのうえに成り立っていること、また現地人の心情に自覚的な様子が読み取れる[56]。しかし、その堀川でさえ、満州分村について語った新聞連載では、その点について一切触れていないし[57]、「満人の児童の方が日本人の児童より総ての点で劣つてゐる、民族的

に劣ってゐる」[58]と述べ、民族的優越感を露わにしている。

上郷村から黒台《こくだい》信濃村に入植した開拓民は、

過去四十年の歴史に於て幾多の貴い人命が犠牲となり大和民族の血が幾度か草木を染め山野に流されて居るかと思へば吾々農業線に立つものは如何なる苦痛にも耐え忍ばねばならぬと常に心掛けて居ます

として、「国策遂行上の一員として今後力一杯努力する覚悟」を述べている。[59] 下伊那郡千代《ちよ》村から入植した開拓民も、同様の言葉を役場に宛てた手紙に記している。[60] 千代村には多くの封書が満州から送られたが、差出人の入植先である南《みなみ》五道崗《ごどうかん》長野村開拓団が「無人ノ境地」[61]に入植したこともあり、そのなかに、満州移民の侵略的要素について自覚的な文言は認められない。また同じく黒台信濃村に入植した上郷村出身の別の人物も、

実に現今の新満州国の維新大事業が完成されたる所以を遡ればかの日支日露満州事変に依りて尊き人柱〔ひとばしら〕として眠る忠勇の人々には甚深の謝意を表します[62]

として、日清戦争以降の当地での軍事行動と不可分の関係として満州を捉えている。こうした把握は、開拓民に限らない。一九四一（昭和一六）年六月、長野県は新聞各社による移民関連記事の支援のため新聞記者による視察団を満州へ送った。[63] その報告記である『新らしき村を訪ねて』で、ある記者は、

先輩の血潮に染つてゐる満州です、その遺志を体して開拓することはこれ日本民族の義務ではありませんか、とにかく建設には犠牲と苦闘はつきものです(64)

と記している。

開拓民や新聞記者がそうであるように、大多数の国民にとって満州開拓は、満州で流れた「民族の血」と不可分の関係として捉えられていたのであろう。この意識こそが、前章で述べた「満蒙特殊権益論」の根底に流れていた。すなわち、満蒙特殊権益論には、日露戦争などによって多くの日本人の血を流して獲得したために決して手放してはならないという考え方があったのである。それに加え、もとより国家の主権が充分に及んでいない未開の地を、わざわざ日本人が開拓するという一種の使命感も混在していた。このため、内地にいる人びとにとって同時代的に侵略性を自覚することは困難であり、日本人による満州開発の正当化を生み出していた。そこには、開拓に向けた情熱はあっても、その下敷きとなった現地住民の「犠牲と苦闘」を顧みる意識は、ほとんどなかった。新聞記者視察団の報告記において、このような意識をわずかに認められるのは、大日向村の視察の結果「満鮮農」の部落の存在に触れている箇所である。そこでは、「満拓の強制移住策は今後大いに研究されるべきであろう」としている。しかしこれすらも、満鮮農の部落の存在が、開拓団にとって「一利一害」であるから研究の要があるとみているのであって、現地住民を顧みての言説ではない。結局、「同等の水準における同等の権利をもつては開拓団は非常に圧迫され勝ち〔ママ〕」であるので、「部落の存在を認めず、労力として使用すべき」であろうと結論づけている(65)。また、『新らしき村を訪ねて』に収録されている「我は盟主也」と題された木蘭《もくらん》県副県長武井一夫の言葉は、満州開拓に関するさまざまな意識を端的に表している。

> 満州を支配せよ　この満人に対し日本は八紘一宇（はっこういちう）を説き、東亜新秩序を説き、五族協和を説いてゐるのである、しかし安価な五族協和、都合次第の人道主義は満州では流行しない、現在の満人の専横振りは足元を危む日本人が幾人ゐるか調べて見たらわかるであらう、満人は同等の地位に於て同等の権利を与へられたら絶対に後へ引かない民族である、これを日本人は増長させたのである、五族協和は日本を指導者とし支配者としての五族協和でなければならない、満州へ入植する開拓団はその精神とその心掛けか実に緊要である、わが祖先が三回にわたつて流した尊き血、埋めた尊き骨のことを思へばこのことは自らわかることであらう(66)

大陸侵略の歴史とそこでの犠牲が、満蒙特殊権益論を広く定着させたことはすでに前章で述べた。移民推進論者はもとより、マスメディア、そして国民自身のなかにも「満州に流れた血」を背景とした満州意識は根強く、大陸政策としての満州移民に対する人々の思いは強固なものであった。

農村経済が深刻な不況のなかにあるときは、大新聞も

> 満州事変に国防の生命線を死守すべく強豪無比の兵士を送つたこの地方民は今や未曾有の凶作によつて彼等自身の生命線を脅かされている(67)

という論調をとっている。国家（国防）と農民それぞれの「生命線」を安易に結びつけた扇動的言説であるが[68]、農村経済が回復している以上、農民には自らの「生命線」を守る必要はない。移民事業の展開は、彼らが国家の「生命線」を強く意識した結果であろう。満蒙特殊権益論の受容と民族的優位感が、大陸侵略の一環である満州開拓事業に多くの国民が動員された内的要因といえる。

四　小括

本章の結論として、問題意識の点検とともに、いくつかの補足事項を述べておきたい。

本書の問題意識の第一の課題は、郡市間および郡内町村間の経済情勢を横断的に比較することにより、送出分布と経済統計の整合性を追及することであった。これに関していえば、長野県における満州移民の展開は、経済要因によって規定されるものではないと結論できる。本章では、経済状態と送出状況の因果関係をみるいくつかの仮説を立てた。しかし、郡市間分析の結果を踏まえた経済主因仮説①「零細農家が少なくかつ養蚕農家の家計水準が高い場合には移民が多く送出される」は、より詳細に分析可能な町村間分析ではそのような傾向はみられなかった。また、町村間分析により浮上した経済主因仮説②「耕地が狭小であること」と経済主因仮説③「養蚕農家の家計が高水準であること」は、高送出町村の傾向を表すのみであり、表2-3をみれば、これらが送出の必要条件でも十分条件でもないことは明白である。

第二の課題は、「中心人物」・「中堅人物」論の検討である。中心人物や中堅人物たちのありようが、移民送出の重要な要因であることは、もはや疑う余地もない。そして、移民を積極的に推進した中心人物が存在していた村を核にして、地理的に近接する町村で多くの移民が送出されるという構図になっていることが確認された。経済更生運動を通じて準備された農村中堅人物は、移民運動においても中心的役割を担っていく。これに関していえば、更生運動のなかで「農山漁村経済更生計画」が、わずかの期間で、全国最多の三六三もの町村（全町村の約九五％）で樹立されたこと、また、中心人物の存在が選定要件に含まれていた特別助成指定町村についても、長野県は全国最多であったこと、これらのことは、長野県の各町村に、満州農業移民の推進者となる人物が、全国的にみても多数存在していたことを示している。長野県が最大の送出県となった背景を考えるうえで、改めて中心人物や中堅人物の存在と役割に着目する必要があろう。

また、人物を要因とする移民の展開には、「彼（あの村）が行くのなら自分も」という地縁的結合関係を背景とした「バスの論理」が働いている。この論理は、「中心人物」に作用することもあるし、一般村民に直接作用する場合も確認できる。後者になると場合によっては、当該村における中心人物のありよう以上に、移民の送出分布に強い影響を与えている。地縁的結合関係が社会運動の展開に大きな影響を及ぼすことは、長野県近代史を特徴づける三〇年代前半の左翼的社会運動においても確認できる。詳細は第四章で述べるが、教員赤化事件と左派農民運動に対する弾圧事件という異なる二つの性格をもつ二・四事件（一九三三年）による検挙者の分布をみると、全農県連との関連があるとされた検挙者は東北信に偏っており、新興教育運動の流れで検挙された者は中南信に偏っている。(69) 同時期に、かつともに経済的不況に直面することで広がった両運動は、相互の人的交流を欠いたことで、展開地域がまったく異なるまま、地縁的結合関係が比較的濃密な地域でそれぞれ展開している。

なお、二・四事件の結果は、二つの意味でその後の移民事業にも影響を及ぼしている。ひとつは、当時の国体にあるまじき「汚点」をそそぐべく、県や市町村の行政当局や信濃教育会などが急速に右旋回したことである。すでに池上甲一が論及しているように、大日向村の村政が混乱し県の職掌管掌をうけたのは、まさにこの時期にあたる。[70] もうひとつは、事件を契機として左派農民運動も自主的教員運動も弾圧され、国策的運動のみ許容される状況が、全県的に作り出されたことである。村内の政治的対立が組織的な形で存在しないという状況は、移民事業を全村的運動として展開しやすい土壌をつくった。二・四事件は長野県が最大の送出県となるうえで、多数の「中心人物」や「中堅人物」を作り上げた経済更生運動と並んで、重要な歴史的前提となっている。

移民事業は経済不況を発端にしているものの、満州農業移民の経済政策的側面には限界があり、事業継続の力にはならなかった。にもかかわらず事業継続を可能にしたのは、おもに移民推進者である「中心人物」や「中堅人物」によって大陸政策的な側面が前面に押し出されたことであった。経済更生運動や二・四事件などといった歴史的展開と村内各層が移民事業の旗振り役となったことにより、中心人物や中堅人物の主張は、村民一般に受容されるところとなった。また、「満州に流れた血」に対する思いは、満州を「生命線」として捉えることとあわせ、移民を正当化・必然化させていた。これは広く民衆に共有されていたことであり、その意味で、民衆にも大陸政策としての満州農業移民事業を受容する要因があった。移民推進論者と民衆が、ともに満州農業移民の意義を大陸進出のなかに見出したことで大量の移民送出は実現した。結果、大陸侵略の進展にともない、民衆は不可避的に国策のもとに動員されることになった。そしてその動員は、地縁的結合関係を背景にした「バスの論理」を通じて、移民分布に大きく作用したのである。

注

（1）『長野県統計書』一九二九年版より。松本市のみ第三位に畜産が入るが、残りの郡市はすべて蚕繭糸業・農業・工業によって上位三業種が占められている。

（2）近代日本の農業が、「米と繭」の二本柱で成り立っていたこと、さらに養蚕が農家の現金収入の重要な方策であったという見解は、大石嘉一郎『日本資本主義百年の歩み』（東京大学出版会、二〇〇五）などで確認される。

（3）小林弘二『満州移民の村――信州泰阜村の昭和史』（筑摩書房、一九七七）、八九頁。

（4）上位三分の一の最下位の（すなわち一二四番目）に該当する指標の数字をみると、実数では一四戸以上、戸数比では二・一二％以上である。同様に下位二分の一の最上位である二四九番目の値は、六戸と一・〇一％である。実数では、一四戸送出の町村も六戸送出の町村も複数あるため、三分化したことは、三等分を意味しない。

（5）この送出度中には、送出実数が上位三分の一に、送出比が下位三分の一に含まれる町も分類される。北佐久郡小諸町、埴科郡松代町、北安曇郡大町、東筑摩郡塩尻町がこれに該当する。

（6）以後、便宜上、飯田市（一九三七年四月一日、飯田町と上飯田町の合併により市制施行）と諏訪市（一九四一年八月一日、上諏訪町・四賀村・豊田村の合併により市制施行）は町として扱う。両市を郡市間分析に加えなかったのは、基準とした統計年次以降の合併であるためであり、町村間分析において分割しなかったのは、資料上の制約から域内各旧町村の送出数の内訳が不明であるためである。後者については、北佐久郡軽井沢町と下高井郡須坂町も同様の理由による。また、下伊那郡浪合村と和田組合村は、農家戸数などの内訳が不明であるため合算している。したがって、母集団の町村数三七三は、分析対象時期の実際の町村数とは一致していない。

（7）長野県開拓自興会満州開拓史刊行会編『長野県満州開拓史』名簿編（同会、一九八四）の集計結果による。

（8）池上甲一「「満州」分村移民の論理と背景――長野県大日向村の事例研究」『村落社会研究』一-二（一九九五）、一二三頁。

（9）前掲『長野県満州開拓史』各団編（一九八四）、三〇三頁。

（10）下高井郡における養蚕業全体の生産価額は、一九二九年の一、九四七、三二五円から三九年の三、一二三六、五八八円と一六六・二までしか伸びていない。これは、人絹化など養蚕業そのものへの構造的影響によるものであろう。

（11）戸数割とは、戦前における地方税の一種で、戸単位で賦課された定額税。戸別の収入などをもとに決められた。

（12）長野県更生協会『大日向村分村計画の解説』（一九三八）、山田昭次編『近代民衆の記録六　満州移民』（新人物往来社、一九七八）、二四六-二四七頁。

（13）「更生運動の五年目　農村の明暗を探る二四」（『信濃毎日新聞』一九三六年一一月二八日）。「暗」と評価した南牧村について、「やり様によつては日本一の村にもなり得る素質はもつてゐる」として、野辺山高原を活用できるかが、その分かれ目になることを指摘している。南牧村が一九六六年に夏秋キャベツの指定産地の認定を受け、現在では高原野菜の一大産地となっていることは、記者の質の高さを裏づけている。

（14）遠藤三郎「農村経済更生と分村計画」永雄策郎編『満洲農業移民十講』（地人書館、一九三八）、一一七頁。

（15）高橋泰隆「日本ファシズムと「満州」農業移民」『土地制度史学』一八-三（一九七六）。

(16) 富士見村『経済更生計画』(富士見町木の間地区所有)。

(17) 皇国農民団とは、日本国民高等学校(茨城県友部町。一九三五年に同県内原町に移転した。なお、青少年義勇軍の内原訓練所は同校に隣接していた)の校長を務めていた加藤完治が、一九三四年九月に呼びかけたことにより結成された団体。とりわけ加藤の地元である山形県において、満州農業移民に大きな役割を果たしたことが確認できる(例えば、『山形県史』拓殖編(一九七一)、森武麿「満州移民——帝国の裾野」歴史科学協議会編『歴史が動くとき——人間とその時代』(青木書店、二〇〇一)、三原容子「山形庄内地方の産業組合運動と満州移民送出運動の思想——皇国農民団を中心に」(『東北公営文化大学総合研究論集』一八、二〇一〇)など)。

富士見村の場合、日本国民高等学校で学んだ二人の青年が、帰郷後に支部を結成したことにはじまる(一九三五年一〇月)。結成式当日は、加藤完治も臨席したという(以上、中山林圃編『富士見分村満洲開拓誌』(富士見村拓友会、一九五四)、四一頁)。ただし、長野県の他町村における皇国農民団の活動事例は、確認できなかった。

(18) 前掲『富士見分村満洲開拓誌』(富士見村拓友会、一九五四)、四二頁。この点は、帝国農会『富士見村の分村運動に就て』(帝国農会、一九四二)でも論及されており、当時から富士見村皇国農民団の重要性は確認されている。

(19) 前掲『富士見分村満洲開拓誌』、一六頁。

(20) 帝国農会『満洲開拓民送出調査』第二輯(帝国農会、一九四二)、三三頁。

(21) 実家が実際に渡満したという方も、出稼ぎ意識があったことを語っている(二〇〇四年二月二七日、富士見町史編纂室における筆者聞き取り)。

(22) 上郷村『上郷村経済更生改善計画書』(飯田市歴史研究所所蔵、一九三三年)、一頁。

(23) 一九三一年九月から始まった満州事変は、三三年五月三一日の塘沽停戦協定にて一応の終結をみる。しかし、川島芳子来県を大々的に伝える記事(『信濃毎日新聞』一九三三年八月一〇日)や長野市内で催された満州ポスター展を伝える記事（『信濃毎日新聞』一九三三年一一月一一日）など大陸への軍事的展開が前提となる記事が確認できる。なお、川島は、清朝の再興を画策し、日本軍に協力した満蒙独立運動家。この頃、川島芳子をモデルにした小説『男装の麗人』の発刊や、熱河定国軍総司令の就任があり、川島の人気が高まっていた。
(24)　下伊那郡町村長会『満洲農業移民地視察報告書』（国立国会図書館近代デジタルライブラリー、一九三八）、一頁。
(25)　前掲『満洲農業移民地視察報告書』、四九-五〇頁。
(26)　浅川武麿「非常時と銃後の護り」『大日向村報』第二号（一九三七年九月）。
(27)　杉野忠夫「満州殖民は最善の銃後の護」『大日向村報』第三号（一九三七年一〇月）。
(28)　小須田生「経済更生計画ト村ノ将来ニ就テ」『大日向村報』第二三号（一九三九年六月）。
(29)　「満州のS君へ」『大日向村報』第二四号（一九三九年七月）。
(30)　この点に関しては、浅田喬二「満州農業移民政策の立案過程」（満州移民史研究会編『日本帝国主義下の満州移民』龍渓書舎、一九七六）を参照。
(31)　佐々木忠綱が分村移民に反対した経緯の詳細は、大日方悦夫「「満州」分村移民を拒否した村長」（歴史教育者協議会編『語りつぐ戦中・戦後一　近衛兵反乱セリ』労働旬報社、一九九五）を参照。
(32)　前掲「「満州」分村移民を拒否した村長」、一三九頁。
(33)　前掲『長野県満州開拓史』名簿編の集計結果による。
(34)　前掲『長野県満州開拓史』各団編、一九二頁。
(35)　前掲『長野県満州開拓史』各団編、三一四頁。
(36)　同書は、中国黒竜江省社会科学院『日本向中国東北移民的調査与研究』（吉林文史出版社、二〇〇二）を翻訳し、解説を加えたものである。
(37)　石川県から送出された元義勇隊員からの著者聞き取り（二〇〇二年七月七日、石川県辰口町たがわ龍泉閣にて)。
(38) 蘭信三「下伊那満蒙体験アーカイブズをめざして」満蒙開拓を語りつぐ会編『下伊那のなかの満洲』第三集(飯田市歴史研究所、二〇〇五)、八頁。
(39) 満蒙開拓を語りつぐ会編『下伊那のなかの満洲』第一集(飯田市地域史研究事業準備室、二〇〇三)、一四頁。
(40) 前掲『下伊那のなかの満洲』第一集、三三頁。
(41) 前掲『下伊那のなかの満洲』第二集(二〇〇四)、一四七頁。
(42) 前掲『下伊那のなかの満洲』第三集、一〇-一一頁。
(43) 前掲『下伊那のなかの満洲』第五集(二〇〇七)、二六-二七頁。
(44) 前掲『下伊那のなかの満洲』第五集、一〇六頁。
(45) 蘭信三『「満州移民」の歴史社会学』(行路社、一九九四)、一四四頁。
(46) 前掲『「満州移民」の歴史社会学』、一一七頁。さらに蘭は、「産業的都市的要素が少なく農業的要素の多い社会経済的要因」を送出メカニズムの前提条件とする。ただし、全国レベルの分析によって導かれたその条件件が、長野県に当てはまるかについては、検討を要する。
(47) 農林省経済更生部『農山漁村経済更生計画樹立町村名簿』(楠本雅弘『農山漁村経済更生運動と小平権一』不二出版、一九八三、所収)より算出。対象を農村に限定すると三三〇町村であるが、大日向村を農村と規定することに異議を唱える池上の提起(前掲「「満州」分村移民の論理と背景」)を踏まえると、山村(林村)も加えて算出する必要があろう。
(48) 農林省農政局「農村経済更生施設ノ経過概要」(一九四三)、二七-三〇頁(前掲『農山漁村経済更生運動と小平権一』、二〇一-二〇四頁)。
(49) 前掲「農村経済更生施設ノ経過概要」二三頁。
(50) 畠山次郎『実説大日向村——その歴史と民俗』(郷土出版社、一九八二)、五〇頁。

(51) 信濃教育会『満洲視察報告書』(一九三三)、二五二頁。
(52) 前掲『満洲視察報告書』、二四五-二五〇頁。質問は一六項目あり、選択式なのか自由回答式なのかという回答方式と調査対象数などは不明。回答数も具体的な数値を示していない。使われている表現は、「最多数(最も多数、最も多い)」「大多数」「相当多数(相当に多い)」「稍々多数(稍々多い)」「多数」「少数」「極めて少ない」の七種。
(53) 苦力とは、未熟練労働者、重筋労働者のこと。最下層民として捉えられていた。
(54) 長野県更生協会編「大日向村第一年度建設情況報告」前掲『近代民衆の記録六　満州移民』、二九〇頁。
(55) 『大日向村報』第八号(一九三八年三月)。
(56) 畠山次郎は、大日向開拓団長の堀川清躬が「村を立退く満人たちに一掬の涙なきにしもあらず」との感想を村報に寄せたとし、堀川の人間性を評価している(前掲『実説大日向村』、五〇頁)。ただし、この堀川の言葉は『大日向村報』の第一号と第二号に掲載された「満州視察報告」では確認できない。
(57) 堀川清躬「満州よいとこ」長野県経済部『満州分村を語る』(一九四〇)。
(58) 前掲『満州分村を語る』、二四頁。これは、一九四〇年二月六日に信濃毎日新聞社が主催した「現地俺が村を語る」座談会での発言。この座談会には、県から経済部長や学務部長など四名のほか、堀川ら八名の開拓団長が参加した。
(59) 『上郷時報』第一九八号(一九三八年六月)。
(60) 千代村役場『移殖民関係綴』(昭和十三年一月)、飯田市千代支所所蔵、一九三八年三月二日付封書。
(61) 前掲『移殖民関係綴』、一九三八年五月付封書。
(62) 『上郷時報』第二〇二号(一九三八年八月)。
(63) 新愛知新聞・南信日々新聞・報知新聞・読売新聞・名古屋新聞から各一人ずつ参加し、これに長野県拓務主事の塩沢治雄が同行した。
(64) 長野県拓務課『新らしき村を訪ねて』(一九四二)、二〇頁。

(65) 前掲『新らしき村を訪ねて』、一四八頁。
(66) 前掲『新らしき村を訪ねて』、一三二頁。
(67)『東京朝日新聞』一九三四年一〇月三一日。
(68) 林宥一「世界大恐慌から戦時体制へ」暉峻衆三編『日本農業一〇〇年のあゆみ——資本主義の展開と農業問題』(有斐閣、一九九六)、一六三頁。
(69) 長野県特高課『長野県社会運動史』(昭和十四年二月現在)(京都大学人文科学研究所所蔵)、七九〇―八一四頁より、現住所、職業、関係団体を把握できる検挙者五二五人分を郡市別に分類した結果である。なお、検挙者には「参考呼出」を含み、教員には養蚕教師・代用教員・元教員を含む。
(70) 前掲「「満州」分村移民の論理と背景」、二二五頁。

第3章

青少年義勇軍の送出と信濃教育会

耕作に向かう青少年義勇隊員。銃をとる訓練もあったが，彼らの「武器」は，おもに農具であった。(「栄えあれ！ 我等の義勇軍」『満洲グラフ』 6-11(52)，1938)

出典：財団法人 満鉄会監修『満洲グラフ』第5巻（ゆまに書房，2009）256-257頁

青少年義勇軍は、国民総動員体制下の日本帝国主義によって多くの少年が動員されたという点で、戦争の悲劇性を語る象徴的な事例のひとつである。義勇軍について包括的に論及したものには、上笙一郎『満蒙開拓青少年義勇軍』があるが、同書は、白取道博が指摘するように[1]、義勇軍の悲劇性を強調する傾向が強く、歴史研究として義勇軍の歴史的な位置づけを明確にしているとはいえない。移民崩壊期における送出の七～八割を義勇軍が占めていたことから、「満州移民事業の全面的崩壊をどうにか防いでいたのは、他でもなく、「満蒙開拓青少年義勇軍」から移行した「義勇隊開拓団」の存在であった」と浅田喬二が、明確な位置づけを与えたのは一九七六（昭和五一）年のことであった[2]。その後、義勇軍に関する実証研究は、八〇年代に入りようやく白取や桜本富雄によって進展をみせはじめてきた。

同じ頃、青少年義勇軍の最大送出県であった長野県では『長野県満州開拓史』が著され、そこに義勇軍送出の中核的役割を担った信濃教育会についての言及が確認できる。信濃教育会と義勇軍送出事業については、一九七二年三月に刊行された『長野県政史』第二巻が、一九四一年に信濃教育会が開催した「興亜教育大会」に触れ、義勇軍送出と信濃教育会が密接な関係にあることがすでに示されている。この傾向は、一九八三年に刊行された『長野県の百年』と『長野県教育史』第三巻にも共通してはいるが、この間一〇年以上経過しているにもかかわらず、内容的には『長野県政史』第二巻からの深化が認められない。『長野県満州開拓史』は、教師による義勇軍幹部志望動機が、農民の貧困を背景とする点で、一九三三年の二・四事件（長野県教員赤化事件）と同根であるとする述懐を紹介する一方で、信濃教育会が決断を迫った例も取り上げる[3]。ここで初めて義勇軍送出と二・四事件が有機的に結びつけられ、信濃教育会による義勇軍送出の歴史的背景の一端が触れられる。しかしその叙述は、信濃教育会の役割を正面から論じたものではなく、義勇軍送出の全体像を把握するうえで充分なものとはいえない。

二・四事件と送出事業の関連は、『長野県史』に至ると一層注視された。同書は、事件以降の信濃教育会の一連の対応が、県の対策とともに教育の方向を大きく変えていくこととなり、一九三七年九月の「時局に関する声明」で、信濃教育会の主要な活動は総力戦と教育を結びつける課題に向けて急旋回していったとして、事件を青少年義勇軍送出のなかに明確に位置づけている。(4) そして、大正初期から二・四事件に至るまでの図式を、

教育行政に対する教権の独立、学校・教師の自主裁量権が尊重される伝統
↓多彩な教育活動、教員層での公式・非公式の自発的サークル
↓新興教育同盟準備会・日本労働組合全国協議会日本一般使用人組合教育労働部（教労）の運動

と提示し、二・四事件は信濃教育会の自主的気風の土壌の転換を迫ったものと規定したのである。(5)

全国的にも信濃教育会の存在は知られている。桜本富雄は、青少年義勇軍応募動機の第一位が教師の勧誘であったことから、送出に対する教育者の責任を重視しており、送出を具現化させた各地の興亜教育の実態を紹介している。そのなかで、信濃教育会が早くから満州移民について県当局に提言していたと指摘すると同時に、興亜教育推進の中核は一九三三年一二月に信濃教育会が設置した「満蒙

研究室」にあるとする。[6] しかし、ここでは群馬県教育会や下関国民学校など他県での興亜教育の実態も紹介しており、信濃教育会が際立った存在として描かれているわけではない。また、信濃教育会の興亜教育の歴史的背景についても論じられてはいない。陳野守正『先生、忘れないで!』は、信濃教育会自体の歴史もごく簡潔にではあるがまとめており[7]、桜本以上に信濃教育会の存在を際立たせている。しかし、信濃教育会が送出に関与するに至った歴史的背景を割愛している点では、桜本の研究と変わらない。

敗戦直後から信濃教育会の送出責任については、その会員たる教員からも指摘する声があったが、信濃教育会自身がそれに応えることも、またこれまで確認してきたように、歴史研究として信濃教育会と青少年義勇軍送出事業が正面から捉えられることもなかった。したがって、長野県歴史教育者協議会編『満蒙開拓青少年義勇軍と信濃教育会』は、信濃教育会の送出責任を主題に据えており、画期的である。さらに、第一章で紹介した長野県における満蒙開拓青少年義勇軍シンポジウムにおいて、開催第四回にして初めて信濃教育会が組織として名を連ねたことは、大いに注目に値する。

こうした研究の進展を踏まえて、本章では、まず青少年義勇軍送出の要因を郡市ごとの分布や割当、教師が果たした役割から検証する。そのあと、『満蒙開拓青少年義勇軍と信濃教育会』が詳述した信濃教育会の「海外発展思想」を同会が送出事業に関与した内的要因として概説し、ここまで充分に論及していない恐慌下社会運動への弾圧事件(二・四事件)の影響を外的要因として論証することを試みる。

表３－１　長野県の青少年義勇軍送出分布―郡市別

地域	郡市	義勇軍（人）	義勇軍（％）	人口（人）	人口（％）
北信	更級郡	288	4.2	80,007	4.7
	埴科郡	315	4.5	53,188	3.1
	上高井郡	272	3.9	59,984	3.5
	下高井郡	276	4.0	66,722	3.9
	上水内郡	535	7.7	106,815	6.2
	下水内郡	257	3.7	35,447	2.1
	長野市	81	1.2	77,325	4.5
東信	南佐久郡	287	4.1	79,701	4.7
	北佐久郡	345	5.0	100,691	5.9
	小県郡	407	5.9	118,532	6.9
	上田市	47	0.7	35,380	2.1
中信	西筑摩郡	195	2.8	60,272	3.5
	東筑摩郡	806	11.6	134,222	7.8
	南安曇郡	199	2.9	58,486	3.4
	北安曇郡	270	3.9	64,416	3.8
	松本市	101	1.5	73,353	4.3
南信	諏訪郡	545	7.9	171,248	10.0
	上伊那郡	602	8.7	150,054	8.8
	下伊那郡	1,111	16.0	188,157	11.0
長野県		6,939	100.0	1,714,000	100.0

注：１）人口は1935年の数値。
　　２）岡谷市と諏訪市は諏訪郡，飯田市は下伊那郡に含む。
出典：長野県開拓自興会満州開拓史刊行会編『長野県満州開拓史』総編（1984），430頁，および長野県『長野県史』近代史料編別巻統計２（1985）より作成。

一　青少年義勇軍送出の要因

送出割当

表３－１に示したように、長野県内での青少年義勇軍送出にもまた、一般開拓団の場合と同様に、地域間格差が認められる。問題はこの格差の要因である。義勇軍の送出は、人口との間に強い相関が

表3－2　内原訓練所入所者の身上調査―学歴別

		1940年度		41年度		両年計			
		全国	長野県	全国	長野県	全国		長野県	
中等実業学校	卒業	20	1	54	28	74	0.4％	29	2.2％
	中退	78	2	193	50	271	1.4％	52	3.9％
青年学校	卒業	390	14	231	140	621	3.1％	154	11.5％
	中退	662	40	1,656	147	2,318	11.7％	187	14.0％
高等小学校	卒業	5,603	522	9,925	330	15,528	78.7％	852	63.6％
	中退	270	4	254	32	524	2.7％	36	2.7％
尋常小学校	卒業	183	5	190	18	373	1.9％	23	1.7％
	中退	5	0	12	5	17	0.1％	5	0.4％
修練農場修業		1	0			1	0.0％	0	0.0％
なし		6	1			6	0.0％	1	0.1％
総数		7,218	589	12,515	750	19,733	100.0％	1 339	100.0％

注：数値は誤差を補正したうえで使用した。
出典：長野県職業課拓務係「昭和十五年度　第一次入所青少年義勇軍中身上調書」（下伊那教育会所蔵），拓務省拓北局青年課「昭和十六年度　第一次入所青少年義勇軍身上調書一覧表」（下伊那教育会所蔵）より作成。

ある。単純にいえば、人口が多い郡市では義勇軍の送出が多く、人口が少なければ義勇軍の送出もまた少ないのである。

青少年義勇軍の募集に応じた青少年たちは、渡満する前に、茨城県にあった内原訓練所に入り、そこで拓務講習や軍事教練を受けた。表3-2は、内原訓練所入所者に対して行われた身上調査より作成した。全国的にみて、一九四〇（昭和一五）・四一年度ともに義勇隊員の最終学歴で最も多いのは高等小学校卒であり、どちらも七五％以上を占めている。長野県の場合、一九四〇年度で八九％、四一年度は四四％とかなり低下するものの、両年度とも高等小学校卒が最も多いことには変わりがない。長野県での義勇軍の送出では、一九四〇年度募集分以降、高等小学校卒業予定者数をもとにして各郡市に募集人員の割当が実施されていた。表3-3に示した郡市別の編

表3－3　長野県における青少年義勇軍の編成率―郡市別

地域	郡市	1938年	39年	40年	41年	42年	43年	44年	45年	通期
北信	更級郡	51.6	21.2	23.3	65.0	80.3	51.1	42.2	42.9	42.6
	埴科郡	84.4	36.3	30.8	80.0	76.9	62.2	40.0	30.0	54.8
	上高井郡	58.2	36.0	55.0	106.7	86.7	75.0	45.0	93.8	57.7
	下高井郡	57.5	33.3	26.7		57.5	68.6	91.4	93.9	
	下水内郡	65.0	36.7	51.7	103.3	108.6	48.6	76.7	184.0	55.9
	上水内郡	64.8	32.7	16.7		63.3	87.5	45.6	74.7	
	長野市	50.0	22.9			52.0	48.0	52.0	80.0	
東信	南佐久郡	53.6	36.3	62.5	53.3	23.4	44.4	35.6	59.4	48.2
	北佐久郡	43.6	27.8	52.5	40.0	157.1	68.0	62.0	39.5	50.1
	小県郡	56.9	10.2	32.8	107.1	81.9	48.6	30.0	73.3	44.9
	上田市	100.0	40.0		0.0	50.0	240.0	70.0	40.0	
中信	南安曇郡	37.4	10.2	40.0	100.0	71.4	65.7	57.1	100.0	51.6
	北安曇郡	37.2	33.6	41.7		45.7	108.6	78.0	94.7	
	西筑摩郡	59.0	18.8	38.3	132.5	84.6	83.3	46.0	81.3	55.8
	東筑摩郡	58.7	35.0	18.7		77.3	73.6	66.2	78.1	
	松本市	300.0	16.7			51.4	36.7	32.0	72.2	
南信	諏訪郡	43.4	25.5	38.8	92.9	84.7	51.6	62.1	73.3	50.5
	上伊那郡	32.9	20.0	14.4	81.7	163.0	60.0	87.3	90.5	51.9
	下伊那郡	85.9	33.2	26.4	94.2	70.0	56.7	69.4	90.0	61.2
	長野県	56.7	27.4	30.8	91.3	79.8	63.0	59.9	79.9	53.2

注：1）送出割当数に対する編成実数の百分比。
2）送出数には，幹部・隊員および勤労奉仕隊を含む。
3）合計算出には，37年度送出分を含まない。
4）1939年上高井郡割当数（68→86），44年下高井郡割当数（30→35）を補正したうえで計算した。

出典：前掲『長野県満州開拓史』総編，412-413，425，429-430，619-620頁より作成。

成率（編成実数／送出割当数）をみると、最も高い下伊那郡で六一・二％、最も低い更級《さらしな》郡で四二・六％である（通期）。約二〇ポイントの差があるとはいえ、母数がそれほど大きくないことを踏まえると、とりわけ有意な差異とは認められない。ここに有意な差異がないからこそ、人口と義勇軍の相関が強くなったといえる。また、人口に対する送出比と編成率の地域間格差は照応しており、割当数の達成

表3－4　青少年義勇軍編成割当―1940年度

地域	郡市	①割当（人）	②1940年春卒業高等科2年男子（人）	①/②（%）
北信	更級郡	120	875	13.7
	埴科郡	120	541	22.2
	上高井郡	60	477	12.6
	下高井郡	120	705	17.0
	下水内郡	60	383	15.7
	上水内郡・長野市	240	2,213	10.8
東信	南佐久郡	120	581	20.7
	北佐久郡	120	813	14.8
	小県郡・上田市	180	1,585	11.4
中信	南安曇郡	60	510	11.8
	北安曇郡	60	575	10.4
	西筑摩郡	60	619	9.7
	東筑摩郡・松本市	300	1,969	15.2
南信	諏訪郡・岡谷市	240	1,772	13.5
	上伊那郡	180	1,229	14.6
	下伊那郡・飯田市	360	1,865	19.3
長野県		2,400	16,712	14.4

注：1小隊60人の小隊単位で割り当てられたが，小隊数は省略した。
出典：前掲『長野県満州開拓史』総編，425頁より作成。

度合いがそのまま送出数の地域差に反映する構図となっている。

当初、募集割当は、青年学校卒業予定者数をもとに地域の実情を勘案して算定されていた。その方法は、算定基準が高等小学校のそれに移った一九四〇年度募集分以降も変化していない。一九四〇年度は、四〇年三月卒業予定の高等科男子児童の進路として、軍需鉱工業の就業者の増加を予想した以外は、年々増加傾向のある上級学校進学者が前年並み、商業従業者と農業を主とする家事従業者は減少するものとし、これに児童数の自然増分を加味した結果、全体の一五%弱の二、四〇〇人が青少年義勇軍に充てられる人数とされた。それを各郡市に割り当てているが、その卒業予定者数に対して約一〇%（西筑摩《ちくま》郡）～二二%（埴科《はにしな》郡）と割当率は一様ではない（表3－4）。いわば作為の結果がうかがえるが、一九四〇年の産業構成と比較すると、工業の比率が最も高い西筑摩郡や南・北安曇《あづみ》郡も都市部と同様に割当率が低く設定されていることが確認できる。[8]

表３－５　　内原訓練所入所者の身上調査―家業別

	1940年度		41年度		両年計			
	全国	長野県	全国	長野県	全国		長野県	
農　家	5,254	496	8,924	598	14,178	71.8％	1,094	81.7％
商　業	638	35	1,121	52	1,759	8.9％	87	6.5％
工　業	381	14	516	23	897	4.5％	37	2.8％
官公吏	84	5	208	13	292	1.5％	18	1.3％
教　員			81	7	81	0.4％	7	0.5％
宗教家	16	0	71	6	87	0.4％	6	0.4％
会社員	266	12	355	22	621	3.1％	34	2.5％
漁　業	13	0	153	2	166	0.8％	2	0.1％
船　員	13	0	46	1	59	0.3％	1	0.1％
請負業	7	0	183	7	190	1.0％	7	0.5％
職　工	164	0	512	17	676	3.4％	17	1.3％
その他	352	27	261	2	613	3.1％	29	2.2％
無　職	30	0	84	0	114	0.6％	0	0.0％
総　数	7,218	589	12,515	750	19,733	100.0％	1,339	100.0％

注：表３－２に同じ。
出典：表３－２に同じ。

一九四一年度の義勇隊員の身上調査からも、家業が農業であるものは八割近くおり、農家の子弟に的を絞った計画の結果が如実に反映している（表3－5）。

経済指標と送出分布

一九三八（昭和一三）年に、南佐久郡北牧村長の畠山賀は通牒を発し、「近時農村青少年ノ地方出稼或ハ就職ノ困難ナル状況ニ鑑ミ、是等青少年ニ対シ大地ニ立ツ光明ヲ与フベク、広汎ナル沃野（よくや）ヲ取得（約十町歩）セシメ農耕ノ将来有望ナルヲ認識」[9]させるため、青少年義勇軍送出事業に協力するよう各区長に要請した。ここには、農村の二三男問題解決の方策として義勇軍を位置づけていることが、明確に現れている。実際、一九四〇年度および四一年度の内原訓練所第一次入所者、計一、三三九人のうち、長男または戸主であるのは一四二人で、

表3－6　内原訓練所入所者の身上調査―続柄別

	1940年度		41年度		合計			
	全国	長野県	全国	長野県	全国		長野県	
長　男	1,068	66	1,556	73	2,624	13.3％	139	10.4％
次　男	2,461	207	3,447	211	5,908	29.9％	418	31.2％
三　男	1,926	170	2,929	189	4,855	24.6％	359	26.8％
四男以降	1,763	146	2,948	190	4,711	23.9％	336	25.1％
戸　主			93	3	93	0.5％	3	0.2％
その他			1,542	84	1,542	7.8％	84	6.3％
総　数	7,218	589	12,515	750	19,733	100.0％	1,339	100.0％

注：表3－2に同じ。
出典：表3－2に同じ。

一一％に過ぎない（表3－6）。こうして、長野県内において義勇軍送出数の地域間格差は、人口さらには農家戸数の多少に強く影響を受ける結果となった。

次に送出の地域間格差が経済指標と照応するかを、青少年義勇軍送出が始まる一九三七年以降を中心にみていく。前章でも触れたとおり、下伊那郡は、実数においても人口比においても送出が最も盛んであった地域のひとつであり、また一方で、県下有数の養蚕地帯にして、養蚕農家一戸当たりの収入も最高の水準にあった。したがって、一般開拓団と同じように「生活落差の大きさ」を送出要因のひとつであるとみなせるかもしれない。しかし、一九三七年から統計をとりうる四〇年までの一戸当たりの養蚕農家収入を前年比でみると（表3－7）、回復の程度は、県全体が一一二→一〇〇→二五七→九三と推移したのに対して、下伊那郡は一〇八→一〇四→二四七→九二と推移した。県全体の水準を下回った年が多いとはいえ、盛んな送出を裏づけるほど下伊那郡で生活落差が大きかったとはいえない。逆に、把握できたすべての年で前年比が県の水準を下回った南佐久郡では、それだけ不況感が強かったと推測されるにもかかわらず、送出が盛んではなかった。

長野県内における義勇軍送出割合の地域間格差を矛盾なく説明しうるだけの送出要因は、一般開拓団以上に、経済的な側面において確認することができない。

そもそも青少年義勇軍は、移民崩壊期において一般開拓団の不振を補完すべく展開されていた。満州農業移民事業は経済的な要請を欠いたまま展開し、その傾向は移民崩壊期において一層顕著となったのであるから、義勇軍の送出分布が、経済状況に左右されるはずがない。実際の送出は、土地飢餓の解消という建前は維持しつつも、高等小学校卒業者数を基準とした募集割当数に強く左右されていたといえる。

表３－７　養蚕農家１戸当たり収入額の前年比

郡市	37年	38年	39年	40年
更級郡	122	93	265	99
埴科郡	118	86	288	102
上高井郡	126	88	267	102
下高井郡	115	91	255	101
上水内郡	114	99	265	93
下水内郡	109	95	258	89
長野市	117	96	240	97
南佐久郡	101	95	243	87
北佐久郡	99	100	269	88
小県郡	113	101	231	101
上田市	120	92	253	102
西筑摩郡	110	91	257	94
東筑摩郡	104	107	272	82
南安曇郡	98	131	252	87
北安曇郡	113	92	311	85
松本市	88	129	255	97
諏訪郡	116	110	252	95
上伊那郡	124	102	249	92
下伊那郡	108	104	247	92
長野県	112	100	257	93

注：１）諏訪郡は岡谷市の分を，下伊那郡は飯田市の分をそれぞれ含めている。
２）1939年の長野市養蚕農家戸数は1,332戸に修正したうえで算出した。
３）網かけは中央値以上であることを示す。
出典：前掲『長野県史』近代史料編別巻統計２より作成。

表3－8　青少年義勇軍の道府県別編成率
—1938〜44年

北海道	46.7	石川	57.3	岡山	64.9
青森	60.1	福井	64.3	広島	79.7
岩手	56.1	山梨	61.7	山口	89.2
宮城	48.8	長野	63.3	徳島	82.9
秋田	53.6	岐阜	65.8	香川	57.9
山形	63.4	静岡	75.7	愛媛	65.3
福島	61.1	愛知	67.3	高知	59.0
茨城	53.7	三重	60.8	福岡	72.8
栃木	62.9	滋賀	74.4	佐賀	38.8
群馬	49.0	京都	67.4	長崎	46.2
埼玉	50.4	大阪	69.7	熊本	47.5
千葉	52.0	兵庫	64.7	大分	49.1
東京	67.1	奈良	71.8	宮崎	61.2
神奈川	39.4	和歌山	63.6	鹿児島	49.8
新潟	54.2	鳥取	62.2	沖縄	37.5
富山	48.9	島根	66.8		
		全国	60.4		

注：内原訓練所入所者数の割当数に対する百分比
出典：桜本富雄『満蒙開拓青少年義勇軍』(1987)，74-75頁より作成。

送出における教師の役割

送出割当は全国的に行われていた。その編成率は山口県のように九割近い県もあれば、沖縄県や神奈川県のように四割に満たない県もある（表3－8）。各道府県の割当数は、農家総数と送出目標との比率に加え、長野県の場合以上に、雪害・冷害などの地域の事情が勘案されたものである[10]。道府県別編成率における格差の原因は、割当が実情を反映し切れていなかった場合と、送出意欲の温度差が大きかった場合とが考えられる。おそらくはその双方の結果によるものであろう。

長野県内の内訳を示す表3－3では五三・二%である長野県の編成率は、全国の内訳を示す表3－8では六三・三%と大きく異なっている。送出数を基準にしたものか、内原訓練所への入所者数を基準にしたものか、という分子の違いにもよるが、最大の原因は分母である割当数が両者で大きく異なっていることにある。

第一次送出にあたる一九三八（昭和一三）年度の送出目標は、予算上の理由により三八年三月の帝国議会で五万人から三万人へと下方修正され、その結果、長野県への割当は、一、七〇〇人となった。

しかし、長野県では二、五〇〇人を基準に県内での割当を実施している。この一例が示すように、総じて県内で基準となった割当数の方が高く、一九三八年から四四年までの合計で長野県に割り当てられた送出目標は九、六〇〇人であったが、県内で基準となった割当数の合計は一二、七四〇人と二千人余り多い。

『満洲開拓史』（増補再版）では、一般開拓団および青少年義勇軍送出順位の表を掲載するにあたって、それを「わが国における開拓民送出に対する府県の熱意のバロメーターであると見るべきものがある」と述べている[11]。県内基準に則った表3-3と全国比較した表3-8に反映された割当数の相違は、長野県での「熱意」が顕在化したものといえよう。一九四〇年三月に出された県から各市町村長に宛てた通牒《つうちょう》の「先駆的役割ヲ果タスベキモノハ、我ガ信州人ナルヲ確信致シ居候。本県ニ於テ率先之ヲ為スニ於テハ、全国民必ズ我等ニ従ヒ来ルベキ」という一節からも、こうした熱意を読みとれる[12]。ただし、送出熱が青少年義勇軍送出に影響したとはいえ、長野県の編成率は、辛うじて全国平均を上回る程度でしかない。児童への勧誘を担ったのは教師であるため、割当を決めた当事者ほどには、教師の熱意がなかったとも読みとれる。だからといって、義勇軍の送出に教師が果たした役割が小さかったというのではない。逆にその役割の大きさは、別な数字が明らかにしている。

青少年義勇軍への応募動機を示した表3-9によると、一九四〇年度の調査では「本人」という項目があるが、四一年度のものにはない。一九四一年度の調査表の序文で、教師の指導による志望動機が前年に比べ大幅に上昇したことに触れ、それを四〇年度から本格化した興亜教育の成果としている。うがった見方をしてしまうと、興亜教育の成果を端的に示すために、四〇年度で二番目に多かった

表3-9　内原訓練所入所者の身上調査―応募動機別

	1940年度		41年度		合計			
	全国	長野県	全国	長野県	全国		長野県	
教師の指導	3,422	248	9,652	611	13,074	66.3％	859	64.2％
父兄の指導	429	32	1032	55	1,461	7.4％	87	6.5％
友人の薦め	179	1	411	15	590	3.0％	16	1.2％
官公吏の指導	164	2	157	2	321	1.6％	4	0.3％
本人	2,469	291			2,469	12.5％	291	21.7％
義勇軍通信	76	3			76	0.4％	3	0.2％
映画	44	3	99	8	143	0.7％	11	0.8％
新聞	58	2	194	13	252	1.3％	15	1.1％
雑誌	160	5	279	12	439	2.2％	17	1.3％
ラジオ	6	0	72	7	78	0.4％	7	0.5％
ポスター	25	0	35	0	60	0.3％	0	0.0％
講演	45	2	552	27	597	3.0％	29	2.2％
拓務講習	58	0			58	0.3％	0	0.0％
その他	83	0	32	0	115	0.6％	0	0.0％
総数	7,218	589	12,515	750	19,733	100.0％	1,339	100.0％

注：表3-2に準じる。
出典：表3-2に同じ。

「本人」という項目を削除したとも考えられる。その是非はともかく、ここでは表に現れた数値を検証する。四〇年度の調査結果において「教師の指導」と「本人」をあわせると、全国で八一・六％、長野県で九一・五％になる。四一年度調査の「教師の指導」は、全国七七・一％、長野県八一・五％である。四一年度調査において、選択肢さえあれば「本人」と回答したであろう児童の大半が、「教師の指導」を選んだといえよう。これを逆からみれば、おそらく本人による志望は、その大半が教師の指導の結果とみなせよう。そう考えると、志望動機に友人が関与している場合も、その友人が年齢的に近いのであれば、これもまた教師の影響と考えられる。

下伊那教育会には、下伊那教育会主催の拓務訓練に参加した児童の感想文が多数保管されている。教師の影響の強さを物語る、実に象徴的な感想文を、個人名を伏せて紹介する。

拓務訓練　感想文　　上飯田　〇〇〇〇

先生につれられて農学校へ来た。

三時三〇分の講話は〇〇先生が満州〔ママ〕は我等の生命線である。日清日露の戦で幾多の尊いぎせいによつて得た満州即ち血の聖地の墓守を我等義勇軍がせねばならぬの話で始めて〔ママ〕義勇軍の使命がわかつた。

拓務訓練　感想文　　大下條村　〇〇〇〇

僕等が義勇軍に成つて内原又は満洲に行く時に、こまらぬ様に、こんど拓務訓練をする事に成つた。まず第一に感じた事は、諸先生方の講演であつた、僕等が満洲に義勇軍と成つて行かなければ日本帝国が、ほろびてしまふ。又満洲の訓練の様子など心切〔ママ〕に、熱を吹きかけて御話しをして下さる事であつた。僕等は此の御話を聞いて、ますます義勇軍の大切さがわかつた。

児童が多くを知らずに参加しており、訓練に参加してから教師の話によって改めて青少年義勇軍の使命を自覚させられていたことが読みとれる。そしてその話には、満州を生命線とする当時の普遍的な位置づけが背景としてあり、それが児童に教え込まれていたのである。

移民に対する使命感の強弱と、それが本質的に内発的なものか否かということは、一般開拓団員と義勇隊員では多少異なる。一般開拓団員のそれは、弱いながらも内発的なものであるのに対し、義勇隊員のそれは、強いながらも植え込まれたものである。実際に義勇隊員として満州に渡った下伊那郡の大平明氏は、青少年義勇軍参加は自分の意志というより教師の強い勧誘によるものであり、形としては志願ということにはなっているが、勧誘がなければ志願などしなかったと語っている(13)。義勇軍送出に際して、教師の果たした役割は、非常に重要であった。

教師が勧誘する際、ひとつの基準となったのが、農家の二三男であることだった。石川県の元義勇隊員は、「義勇隊募集の際には、自分が真っ先に先生に呼ばれた」が、「農家の二三男」であることがその理由であることは、自分やほかに呼ばれた生徒をみれば明らかだったと語っている(14)。教師たちが、勧誘の対象に農家の二三男を恣意的に選んだ結果、農家からの送出や二三男の送出が増えたのである。それは経済事情を必ずしも反映したものではなく、「一人ぐらいは行ってくれ」という形で、反対する家族の説得をより容易にするためになされた、苦肉の策の結果であろう(15)。秋田県のある教師は、次のように述懐している。

> 卒業学年なので、父兄会では進学就職の相談はよくあったが、義勇軍にという申し出などはまずなかった。仕方なくこちらの方から働きかけることが必要になる。就職希望の生徒を対象に、いろいろ検討してみたものだった。検討の基本事項は、次三男で体の丈夫な者、できれば頑健で、性格はコセコセしない骨太のがっちり型、粘りがあれば上々と、自分なりに基準を設定して小当りに二、三当ってもみた。内心の不安をいくらかでも軽くしてくれそうな、この条件に近い生徒とその親たちに……(16)。〔傍点――引用者〕

一九四一年度は四〇年度にはない「家族ノ反対者調」の調査結果が掲載されている。それによると、長野県では五二・三％（全国では四二・五％）の者が反対されていたことが判る。勧誘する際に家族の反対が大きな壁となったことを示す証言も、当時から今日に至るまでさまざまな文献に記録されている。こうしてみると、長野県の編成率が取り立てて高率ではないことは、割当数の決定に関与した県および郡市当局や信濃教育会と、実際に生徒・児童の勧誘にあたった現場教員との間、さらには生徒・児童の父兄との間に送出意欲の温度差があったためと考えられる。意欲の温度差は、地域間のみならず、送出に関わった関係各層の間にも存在していたのである。

二　信濃教育会の「海外発展」思想

青少年義勇軍送出には送出割当が送出分布上決定的な要因となっており、その実施や達成には教師が大きな役割を果たしている。長野県では信濃教育会が校長を通じて教師を強力に指導しており、送出割当を決定する義勇軍編成協議会への参加、義勇軍幹部の選定、拓務訓練の実施など、信濃教育会による義勇軍送出事業への関与は多岐にわたる。

募集手続きの実態は、信濃教育会の関与をより直接かつ鮮明に浮かび上がらせている。一九四四（昭和一九）年一月の長野県の募集要領には、青少年義勇軍入隊の申請に必要な願書や戸籍謄本など関係書類が、市町村区長→各教育部会→地方事務所→県拓務課と経由することが明記されている。これに対し、一九四四年度大東亜省満州事務局の『満蒙開拓青少年義勇軍』に記載されている募集手続きでは、ただ市町村→都道府県知事となっている。[17] なお、一九三八年一月と翌三九年二月の『長野県報』にも募集要項があるが、この時点では信濃教育会（各教育部会）は関係していない。

教員を対象とした内原訓練所での拓殖講習の参加に関しても、信濃教育会は深く関与していた。県学務部長は、一九四〇年六月に実施される拓殖講習に関して、応募人数を超過する場合には「各郡教育部会長」が「銓衡〔せんこう〕」し、また学校長が応募者を「部会長ニ推薦」して「部会長」が県に報告するよう定めている。[18] また、『満州開拓史』が「義勇軍運動の全般からみて、最大の弱点」[19]と指摘している幹部・指導員の養成を、長野県においては信濃教育会が担った。一九三九年一二月、信濃教育会は構成団体である各地の教育部会に幹部候補生の推薦を求め、その結果、校長・訓導ら一四人が推挙された。そのなかには、かつて二・四事件で検挙された小林済が含まれている。[20] こうした信濃教育会による指導員の推薦は、以後も継続された。農村経済の好転などが送出の低下を招き、満州農業移民事業の全面的崩壊を青少年義勇軍の送出によって何とか食い止めていた時期に、信濃教育会の義勇軍送出事業への関与の度合いは強くなっているのである。

このように、信濃教育会は長野県において青少年義勇軍送出事業の中核的役割を果たした組織であり、その背景の考察は、長野県の義勇軍送出事業を論じるうえで避けることはできない。そこで、この節で信濃教育会の「海外発展」思想について、次節で二・四事件による急速な右傾化について述べ、この両面から信濃教育会と義勇軍送出事業の関わりを考えていく。

「汎信州主義」の確立――満州事変までの「海外発展」思想

信濃教育会の機関誌『信濃教育会雑誌』において海外志向が確認できるのは、一八八九（明治二二）年三月の第三〇号である。同号に掲載された帝国憲法発布祝賀式の席上での、長野県尋常師範学校長浅岡一の演説は、ビルマ植民地化の要因を「無智貧窮」と「上流ノ者」の「文弱」に求め、「文弱ニ流ルルノ弊ヲ矯正スルハ尤モ緊急ノコト」と主張するものであった[21]。長野教育談会が長野教育会を経て信濃教育会となったのは一八八六年のことであるから、信濃教育会は設立当初から海外志向をもっていたことになる。

日清戦争期には、信濃教育会の事業のなかで海外志向が顕著になっていないものの、渡辺敏（雪窓居士）は一八九四年一〇月の『信濃教育会雑誌』（九七号）で「満清征討の一挙より得たる新材料を利用して忠勇の気象を養ふの傍実業を重んじ学芸を貴ぶの観念を生ぜしむる趣向」とし、アジアへの侵略を正当化する思想を、明確に主張した。移住が積極的に取り上げられたのは、一八九九年三月の飯田幸造「移住心」である。ここでは諏訪郡原村などの事例から「開拓に汲々し急峻〔ママ〕なる坂路より山頂に至る迄殆ど化して田園桑圃〔そうほ〕となり立錐〔りっすい〕の余地なきに至れり[22]〔傍点――原文〕」とし、北海道や台湾への移住を提案している。当時政府が進めていた北海道移住政策に対して反応しているのである。

一九〇三年六月の信濃教育会総集会での伊沢修二の講演「信濃教育ト対外思想」において、移住先としての満州が登場する。ただし、こうした満州への志向は、当時それほど特異なものではなかった。「極東現時の問題は必ず満州の保全に付て之を決せざるべからず[23]」と主張した、いわゆる「七博士建白意見書」提出者の一人、東京帝国大学教授戸水寛人は、アメリカ大陸を移住先として「最適当」としたことに加えて、「日本人の移住に適当な場所は其外にまだ朝鮮もあり満州もある、夫故〔それゆえ〕日本人は力を尽して朝鮮及満洲に移住の便利を図る方が宜」しいと述べている(24)。日露戦争が朝鮮や満州の支配権を争奪した戦争であったことを考えれば、当時の風潮として、満州への志向は特異なものというよりも、むしろ一般的・全国的なものであったといえよう。一九〇六年には文部省が陸軍省などに、教育者や学生の「団体満韓旅行」に便宜を与えるよう要請している。ともかく長野県においても伊沢の講演以後、日露戦争期に入ると教育界の満州・朝鮮への関心が急速に高まった。こうしたなかで信濃教育会は、県とともに会員の満韓旅行を奨励し、一九〇六年七月に二二〇人が出発した(25)。

日露戦争期の信濃教育会の事業は、一九〇四年四月に帝国教育会によって企画された出征軍人遺族児童の学資義捐金募集への協力、同年一一月に幹事細川周太による軽井沢療養中の傷病兵慰問、同年の夏期講習会の講話を無報酬にして講習料を陸軍恤兵《じゅっぺい》部に献金する、などである(26)。日清戦争期の事業と比較すると、戦争そのものに関連する事業に変化している。莫大な戦費による影響は、教育費にも波及している。一九〇四年二月に文部省は教育費節約に関する訓示を通達した。信濃教育会が県費補助をうけて進めていた図書館設立事業は、それによって一時中止となった。日清戦争期と比較すると信濃教育会の事業は、政府の施策に対する協力の度合いを強めている。これは、日本にとって日露戦争が総力戦に近い戦争であったことの一端を示している。

第一次世界大戦参戦で日本が中国・満蒙問題の解決に乗り出した時期に、信濃教育会の海外発展思想は、会を挙げての海外発展運動として事業化されていった。一九一五年一月、信濃教育会は「植民教育調査」に着手し、委員を三村安治・中村国穂・高松良・藤森克・内堀林平の五人に委嘱した。これに前後して『信濃教育』（『信濃教育会雑誌』より改題）には、彼らの手による論稿が次々と発表されるようになった。同年三月の信濃教育会議員会に県からの諮問案が示され、そのひとつに「植民思想ノ養成ニ関シ教育上如何ナル施設ヲナスベキカ」というものがあった。この説明には、

> 世界戦乱ノ今後ニ於テハ愈々〔いよいよ〕我ガ同胞ノ国内ニ蟄居〔ちっきょ〕スルヲ許サズ。即チ此ノ機運ニ際シ、大和民族ノ興国的精神ト膨張的気風ノ作興〔さっこう〕トヲ促シ、其ノ出稼ギタルト移民タルトヲ問ハズ、汎〔あまね〕ク海外各地ニ新天地ヲ開拓スルニ足ル人士ノ養成ニ努ムベキハ、蓋〔けだ〕シ世ノ先覚ヲ以テ任ズベキモノノ責務ト謂ハザルベカラズ[27]〔傍点――引用者〕

とある。第一次世界大戦参戦の目的が満州権益獲得にあった以上、それに乗じている県の諮問は、侵略的政策の一環に組み込まれていたといえる。信濃教育会は県の諮問に対し調査委員を設けたが、このメンバーは「植民教育調査」のそれと完全に一致する。委員がまとめた答申書は、県の希望でさらに増訂を施して、一九一六年一〇月に『海外発展指針』にまとめられ、希望者にも頒布された。同年九月に「移植民調査」の委員六名（内堀を除く先の委員と春日賢一・今井新重）が委嘱されているのは、このためであろう。またこれに並行して委員の中村は、更級郡視学として海外発展の講演会や幻灯会などを開き、信濃教育会最初の海外発展の実地運動を展開している。

　このように海外発展運動が動きをみせているさなか、信濃教育会は、一九一六年六月の総集会で、

信州教育に関する五大宣言を決議した。

惟〔おも〕フニ大正ノ　聖代〔せいだい〕ハ帝国ガ世界的地位ヲ開拓スル好機ニシテ、国運発展ノ策日一日ヨリ急ナルモノアリ。吾人国家教育ノ大任ニ膺〔あ〕タル者、焉〔いずく〕ンゾ淬礪〔さいれい〕ノ至誠〔しせい〕ヲ輸〔ゆ〕サザルヲ得ンヤ。茲〔ここ〕に本会総会ヲ開クニ方リ、左ノ綱領ヲ宣言シ、以テ本来ノ目的ヲ実現セントス。

一、国体ノ尊厳ヲ体得セシメ、大ニ立憲的精神ノ発揚ニ努ムルコト
一、質実剛健ノ気風ヲ養成シ、大ニ体力ノ増進ヲ図ルコト
一、世界的知見ヲ拡充シテ、大ニ海外発展ノ実ヲ挙グルコト
一、科学的知見ヲ高学シテ、盛ニ殖産興業ノ精神ヲ醞醸〔うんじょう〕スルコト
一、益々本県ノ所長ヲ発揮シテ、汎信州主義ヲ鼓吹スルコト[28]〔傍点——引用者〕

三項目の「海外発展」は、「帝国ガ世界的地位ヲ開拓スル好機」と照応している。信濃教育会の海外発展事業は、国策的見地に立脚していたといえよう。国策的見地との関連は、信濃教育会の海外発展事業の中心的人物である佐藤寅太郎、津崎尚武、中村国穂の発言などからも確認できる[29]。佐藤らの展開した海外発展思想のもとでの移民先は、当時全国的に盛んであった南米方面がおもであり、満州はほとんど注目されていない。佐藤によればその理由は、「我輩の領土拡張は軍国主義に由りて他国を併合する」といった侵略的思考に基づくものではなく、「世界の空地を開拓するは世界の文化に貢

献する所以である」というものであったという。[30] しかし、「世界の空地を開拓する」という理念は、のちに満州農業移民に際しても用いられる理念である。信濃海外協会の機関誌『海の外』一九二九年新年号の巻頭言に、満州を意識したうえで「世界未開の地の開発は、これ、大和民族の使命的任務」との一節がある。佐藤による侵略性の否定は、空虚といわねばならない。

ここで重視するのは、海外発展運動の時期が、信濃教育会の部会統一とその後の自主化の時期に合致していることである。五大宣言でも確認できる「汎信州主義」は、部会統一と会財政の確立に成功した佐藤の自信の表れである。「汎信州主義」とは、長野県教育界の統一を強く意識したものであり、その意味で決して地域主義的な観点ではなく、いわば信濃ナショナリズムとしての色彩が濃い。これが国内的には一九二〇年代に自主化という「教権の独立」として現れ、対外的には「海外発展」運動として現れたのである。「汎信州主義」を掲げた佐藤は、一九一一年六月の副会長就任から三三年八月の会長辞任まで、二二年を超える長期にわたり、信濃教育会の中枢にあり続けた。その間、信濃教育会において「汎信州主義」は普遍化し、会是となって、佐藤辞任以後も引き継がれた。この「汎信州主義」がナショナリズムの側面を有している以上、青少年義勇軍送出事業は、信濃教育会にとって何ら「転向」を必要とせずに推進することが可能であったといえる。

満州への傾斜――満州事変後の「海外発展」思想

満州事変が始まると、信濃教育会の注目は満州に集中した。[31] 雑誌編集主任矢島音次は、「満州を死守せよ！　満州に於ける我が国の権益は確守すべきである」として、「兵をもつて満州の権益を獲得することはできる、然し兵をもつて其権益を擁護することは不可能である、権益の擁護は国民的活力と其努力によらなければならない」(32)と論じた。そして、『信濃教育』は、満州事変にともない長野県教育界が「支那満蒙の曠野〔こうや〕を如何にすべきかに力を注」ぐに至ったことが「喜ぶべき傾向である」と一九三一(昭和六)年を回顧している(33)。

信濃教育会は一九三二年六月、満蒙研究調査委員として一〇名を選出する。そのなかから五名が同年九月に奉天・長春などを視察し、一九三三年六月の信濃教育会総集会で高田吉人は視察員代表として満蒙研究所設置を要望し満場の賛同を得た。この視察の報告書が前章で触れた『満洲視察報告書』である(34)。またさらに、熱河省・黒竜江省などの視察が一九三三年八月に行われ、同年一二月にはのちに青少年義勇軍送出への中核的機関となる満蒙研究室が設置された。

満蒙研究室の活動目標には、関係資料の蒐集整理、教育者や青少年の満蒙「進出」の助成、満州国人留学生の招致、拓殖教育機関・現地指導所の設置促進、視察員の派遣と講演の開催、在満長野県人との連絡提携の六項目が挙げられていた(35)。青少年の満蒙進出の助成などは青少年義勇軍送出事業を連想させるが、国策としての義勇軍送出は一九三三年当時はまだ具現化されていない。

満蒙研究室設置以後の信濃教育会の海外志向の焦点は、農業移民の研究に置かれている。一九三四年五月に「移植民教育ニ関スル研究」委員が設けられ、両角喜重や満蒙研究室主任である長井教雄ら七名が嘱託された。同委員会では「本県ニ於ケル特設機関ノ研究」などがなされ、同年一二月の第四回委員会では「満蒙研究室委員にて立案せる本県移植民講習所設立案」を検討していることから(36)、この委員会は満蒙研究室の諮問機関的な位置づけと思われる。このように拓殖学校設立に向けての研究を進める信濃教育会による働きかけの結果、一九三六年四月に更級農学校が「更級農業拓殖学校」へと改称された。また、信濃教育会は一九三七年度に農業移民地へ視察団を派遣し、以後四一年度まで毎年視察団を満州へ派遣し続けた。こうした農業移民活動の中核であった満蒙研究室は、一九三八年四月に日中戦争の長期拡大化とともに東亜研究室と改称された。これは、研究対象を「満蒙」から拡大したものであり、信濃教育会の活動が、国策の遂行に敏感であったことを示している。

信濃教育会が青少年義勇軍送出に傾注していったのは、一九三九年頃である。満州移民視察から帰国した野村篤恵が義勇軍の育成を論じ、[37]雑誌編集主任土屋弼太郎が農業労働力が不足している事態を指摘したのは、[38]ともに一九三九年の『信濃教育』においてであった。もはや農業移民を国策として推進することが困難になりはじめた時期であり、ここでも信濃教育会の国策に対する感度の良さがみえる。

そして一九四一年一一月、信濃教育会は臨時総集会を「興亜教育大会」という名目で開催した。青少年義勇軍送出事業遂行に関する拓務省諮問に対する答申が議事の中心であった。義勇軍送出を通じての国策協力を高らかに謳い上げた大会の内容は、『信濃教育』「興亜教育特集号」として出版された。そのなかで西沢太一郎は、「興亜教育大会」を次のように位置づけ、「海外発展」思想の伝統が、国策と密接に繋がったことを示している。

今回の大会は信濃教育会の海外発展の教育方針確立に関する大正四年六月の宣言より実に弐拾六年目であって、今日迄教育会としても又県下の教育界としても、本邦海外発展の中に於て十分に試練せられ体得されたる上に於て、本県の拓殖教育に関する画期的の第二次の大宣言をなしたるもので、聖戦時有意義且本県教育の基を一層鞏固〔きょうこ〕たらしめ、皇国日本の振興に貢献する所大である。(39)

このように、信濃教育会の「海外発展」思想は、日清戦争、日露戦争、第一次世界大戦と大陸侵略の展開にともなって国策協力の度合いを強めており、そして満州事変以降、満州農業移民という姿に具現化されていったのである。

三 二・四事件と信濃教育会

「思想事件に対する宣言」

信濃教育会は一八八六(明治一九)年の設立当初から海外志向をもっていて、その対象が明確に満州へ向かう契機となったのは、一九三一年の満州事変勃発であった。したがって海外志向を背景とした場合、信濃教育会の送出事業関与の契機となったのは、二・四事件ではなく満州事変であると考えねばならない。しかし、見逃してはならないのは、信濃教育会にとって二・四事件は、満州研究を進めている最中に生じた出来事であったことである。

一九三三年二月四日から約半年の間に、長野県全域で多くの社会運動家が検挙された。この二・四事件は、「教育県」を自負していたにもかかわらず教員の検挙者が多かったことで、「長野県教員赤化事件」として報じられていった。二・四事件で検挙されたのは、諏訪郡高島小学校訓導の藤原晃、上伊那郡伊那小学校訓導の小松俊蔵といった、おもに新興教育同盟や教労のメンバーたちであった。そして、彼らは信濃教育会との対決姿勢を明確に打ち出していた。

これだけならば、信濃教育会が事件に関して「贖罪」をする要素は、どこにもない。しかし実際には、事件直後から信濃教育会の立場が微妙なものとなる。その背景となったのは、文部大臣鳩山一郎や県議中原謹司らによる、信濃教育会は事件に何らかの関係・責任があるという認識であった。その認識と事実との相違は、ここでは問題にならない。ここでの問題は、信濃教育会自身が「事件の発生するや、間々本会の組織・事業・活動等に対して疑義を挿むものありしにより」、さまざまな印刷物を配布して「本会に対する正しき認識と事件の真相の闡明〔せんめい〕とに資」[40]する必要を感じたことにある。

事件後、信濃教育会は認識した必要性に基づいて、次々と釈明の動きに出る。まず、一九三三年三月に開催された代議員会で、事件発生の原因と対策に関する意見感想を求め、続く六月の総集会で「思想事件に対する宣言」を採択した。

宣言

現下我ガ国内外ノ情勢ハ、実ニ未曾有ノ世変ヲ告ゲ重大ナル局面ヲ展開スルニ至レリ。正ニ是レ挙国振張ノ秋特ニ教育ニ従フ者ノ使命愈々重キヲ加フ。曩〔さき〕ニ国際連盟離脱ニ際シ　畏クモ　大詔〔たいしょう〕ヲ換発セラレ国民ノ向フ所ヲ垂示セサセ給フ　聖旨宏遠〔せいしこうえん〕寔〔まこと〕ニ恐懼〔きょうく〕感激ノ至リニ禁ヘズ。

然ルニ、近時教育界ニ於テ国民教育ノ根本ヲ破壊セントスルガ如キ事変ヲ現出スルニ至レルハ、誠ニ痛歎

〔つうたん〕措ク能ハザル所ナリ。
此ノ秋ニ当リ、本県教育ノ任ニアル者恐懼戒心深ク時代ノ趨勢ニ鑑ミ、其ノ使命ト重責トヲ自覚シ、協心戮力〔りくりょく〕以テ非常時日本ノ教育ニ渾身ノ努力ヲ傾注スベク、左ノ綱領ヲ宣言シ其ノ実現ヲ期ス。
一、国体ノ大義ヲ闡明シ国民ノ信念ヲ確立スルコト
一、一層敬神崇祖ノ念ヲ喚起シ日本精神ノ真髄ヲ発揮スルコト
一、世界ニ於ケル我ガ国ノ地位ト使命トヲ自覚シ興国的精神ヲ発揚スルコト
一、地方郷土ノ教育ニ殉ズルノ意気ヲ振作シテ犠牲奉仕ノ念ヲ涵養スルコト
一、本県教育ノ伝統的精神ヲ砥礪〔しれい〕シ其ノ伸長ニ努ムルコト(41)

同宣言のなかの、「国際連盟離脱ニ際シ　畏クモ　大詔ヲ換発セラレ国民ノ向フ所ヲ垂示セサセ給フ」、「聖旨宏遠寔ニ恐懼感激ノ至リニ禁ヘズ」という件は、綱領として掲げた「国体ノ大義ヲ闡明シ国民ノ信念ヲ確立スルコト」とともに、国体への配慮を示したものであり、新興教育同盟や教労との違いを明示する意図が見え隠れしている。したがって、事件を「国民教育ノ根本ヲ破壊セントスルガ如キ事変」と位置づけているのも、同じ意図であろう。

注目すべきは、「思想事件に対する宣言」が、一九一六年六月の総集会で決議された「信州教育に関する五大宣言」の内容を引き継いでいることである。五大宣言の核心部分である「世界的知見ヲ拡充シテ、大ニ海外発展ノ実ヲ挙グルコト」は前者の「世界ニ於ケル我ガ国ノ地位ト使命トヲ自覚シ興国的精神ヲ発揚スルコト」に、「益々本県ノ所長ヲ発揮シテ、汎信州主義ヲ鼓吹スルコト」は「本県

教育ノ伝統的精神ヲ砥礪シ其ノ伸長ニ努ムルコト」にそれぞれ照応している。「海外発展」と「汎信州主義」を掲げた五大宣言は、「思想事件」に直面した信濃教育会にとって、「本会に対する正しき認識」を示すうえで重要であった。これはすなわち、「海外発展」を打ち出すことで、事件による信濃教育会への風当たりを緩和させる狙いにほかならない。信濃教育会の満州農業移民事業への積極的な関与は、二・四事件に直面したことで大きく促進されたのである。

事件関連の研究調査委員の嘱託

さらに七月に入ると信濃教育会は、八日に「思想事件に関する調査」委員、二九日に「現下の情勢より視て本県教育の施設上改善を要する事項の研究調査」委員を嘱託した。両調査委員によって、事件の真相究明と教育更生方策の確立が研究されていった。そして、一一月一七日の部会長会例会を通じて、研究調査委員の成案を具現する研究を各部会に諮らせ、翌一九三四（昭和九）年一月一九日に「時局対策実現に関する研究」委員を嘱託し、各部会から提出された報告書をまとめさせると同時に、「時局対策実現ニ関スル意見」を信濃教育会の意見書として作成させ、これを三月の『信濃教育』第五六九号で発表した。

表3-10に示したように、この三つの研究調査委員（以下、これらを対策委員会、その委員を対策委員と総称する）には信濃教育会幹部が名を連ね、また、その公職は全県を網羅していた。信濃教育会は、会を挙げて問題に取り組んだといえる。いままでの研究では、対策委員会が重視されていなかったが、彼らが信濃教育会の一連の「贖罪」に深く関与していることは明白である。

表3-10　二・四事件対策委員名簿

氏名	A	B	C	就任時のおもな信濃教育会役職	就任時のおもな公職
松本　深	○	○	○	評議員	長野市後町小学校長
高田　吉人	○	○	○	評議員，北安曇教育部会長	北安曇郡大町小学校長
林　八十司	○	○		評議員，上伊那郡教育部会長	上伊那郡赤穂小学校校長
山崎　弥生	○		○	評議員，小県上田教育部会長，雑誌編集部委員	上田市に所在する大半のの学校長
原　和海	○		○	議員（西筑摩郡），研究部初等教育部委員	
両角　喜重	○			下伊那郡教育会長	下伊那郡飯田小学校長
寺沢　好太	○			評議員，更級部会長（自主化後初代）	更級郡下氷鉋小学校長
安川　源司	○			北佐久教育部会長	
塚原　葦穂	○			諏訪部会会長	
三沢　英一	○			南安曇部会長	
岩下　一徳		○	○	幹事	長野県視学（事件当時）
山崎織治郎		○		研究部中等教育部委員	諏訪中学校長
小山　保雄		○		監事	
小口　幸一		○		研究部中等教育部委員	小諸高等女学校長
春原平八郎		○		研究部実業教育部委員	伊那高等女学校長
土屋弼太郎		○		雑誌編集部員	上田中学校長，長野県視学
山口菊十郎		○		元上高井部会長	
関谷　吾一		○		議員（長野市）	
藤森　省吾			○	評議員，諏訪部会副会長	諏訪郡泉野小学校長
伝田　精爾			○	評議員，雑誌編集部委員	長野市山王小学校長

注：1）Aは「思想事件に関する調査委員」，Bは「現下の情勢より視て本県教育の施設上改善を要する事項の研究調査委員」，Cは「時局対策実現に関する研究委員」。

2）原典巻末の一覧表では「両角喜重」だが，本文中は「両角丑助」。どちらが正確かは不明。当時，両角丑助は，信濃教育会議員（諏訪郡）であり，公職は不明。

出典：信濃教育会『信濃教育会五十年史』修正再版（1935），田島清編『信州人物誌』（1969），市川本太郎『長野師範人物誌』（1986）より作成。

二・四事件に対する信濃教育会の態度を主導した対策委員に、同会が進めていた満州研究に関与していた者が多かったことは、示唆に富んでいる。先述した一九三二年六月選出の満蒙研究調査委員には、林八十司・高田吉人・伝田精爾がいた。さらに林と高田は奉天・長春などの視察、小山保雄は熱河省・黒竜江省などの視察に派遣されている。高田が満蒙研究所設置を要望し満場の賛同を得た一九三三年六月の信濃教育会総集会は、「思想事件に対する宣言」が採択された場でもあり、二・四事件で信濃教育会が厳しい立場に置かれたことが、高田の提起への賛同に繋がったことは想像にかたくない。そして、満蒙研究室の六名の委員のなかには伝田がおり、三名の顧問には林、高田、小山が選ばれた。満蒙研究の中心的人物ともいえる高田吉人は、三つの対策委員のすべてに名を連ねている。対策委員会における活動で、その直前に満州を視察し満蒙研究の必要性を強く認識していた高田に満州への意識がなかったとは考えにくい。そもそも対策委員会は、国体とは相容れない「思想事件」に関しての「疑義」が生じたからこそ設置された。国策に合致している満蒙研究は、その釈明に非常に好都合であったといえる。

信濃教育会をして青少年義勇軍送出へ積極的に関与させた熱気は、同会がもっていた海外志向の伝統という内的要因と、二・四事件によって誘発された同会に対する「疑義」という外的要因の双方がそろった結果である。そこで、この「疑義」をより詳細に確認していく。

信濃教育会への「疑義」――保守勢力からみた信濃教育会

『信濃毎日新聞』は「本県教員赤化の原因」を、社説に該当する「評論」欄に一九三三（昭和八）年二月一九日から二三日まで、四回にわたり掲載している。原因とされている事項のなかで、信濃教育会との関連に触れているのは、義務教育費国庫負担問題だけである。『信濃毎日新聞』は全額負担の立場にたち、「信濃教育会は、義務教育費の出所につき、今や過去の不足だった認識に対して、一清算を断行しなければならない(42)」としている。大まかにいえば、『信濃毎日新聞』は、間接的に信濃教育会の関わりを指摘する以上の追及をしていない。

しかし、当局や中原謹司に代表される地域右翼(43)は、事件と信濃教育会との関係を追及している。従来の研究は、ここからの視点、とりわけ地域右翼からのそれに対する考察はほとんどなされていない。信濃教育会による青少年義勇軍送出関与へと繋がる二・四事件の歴史的位置づけは、同会が置かれた社会的環境に対する考察なしでは不充分である。先行研究で触れられていない以上、地域右翼側の分析に関しては、可能な限り詳細に論じていく。

二・四事件が教員赤化事件としての様相を強くし事件報道が禁止された直後である一九三三年三月七日、第六四回帝国議会衆議院本会議において、長野県教員赤化事件の報告がなされた。午後から秘密会に入ると、まず内務大臣山本達雄が「長野県小学校教員ノ治安維持法違反事件検挙ノ概略」を報告し、続いて文部大臣鳩山一郎が「長野県ノ小学校教員思想事件ニ付キ」報告を行った。長野県での事件が、範囲の広さ、関係者の多さ、児童への働きかけの「大胆」さから、「従来ノモノニ比シテ非常ニ相違」があり、「教育上洵〔まこと〕ニ寒心スベキ事態」であると、鳩山は言う。さらに鳩山は、「左傾ノ一般的原因」と「小学校ノ教員トシテノ左傾ノ原因」を数点列挙した後で、次のような「長野県ニ於ケル特別ナ原因」を挙げる。

長野県ハ御承知ノ通リニ一般ニ迎新性ト云フカ、知識欲トカ称スルモノガアリマシテ、小学校教員間ニモ其傾向ガ多ク、之ヲ利用シテ、宣伝煽動ガ行ハレタノデアリマス、尚全協其他ノ左翼運動ハ、長野県ニハ相当激烈デアッタノデアリマス、其他信濃教育会ト云フ会ガアリマスガ、ソレハ措置デアルトカ、或ハ経済的特殊事情――経済的特殊事情ト申シマスト、教員給ノ不給デアルトカ、或ハ昇給ノ停止デアルトカ、或ハ自分ノ勤メテナイ、勤労地区外ニ於テハ特別ノ税ヲ取ッテ居ッタトカ、或ハ戸数割ノ不均衡トカ云フヤウナ経済的特別ノ事情、或ハ欠食児童ガ多カッタトカ云フヤウナ事ヲ数ヘテ居ル人ガアリマス、サウダラウト思ヒマス(44)〔傍点――引用者〕

信濃教育会が原因のひとつに数え上げられていることは、見逃せない。「司法省ニ参リマシタ報告ニ依」ると鳩山は言っているのだから、この見解は鳩山の個人的なものではなく、政府当局の見解とみてよい。この秘密会における鳩山の報告を信濃教育会がどれほど詳細に知っていたのかは、明らかにできない。しかし、次に触れる長野県会議長宮沢佐源次の発言に対して、県会議員高坂応平は、「其速記ハ各大キナ新聞ニハ掲載禁止ト致シマシテ渡ツテ居ルヤウニ存ジテ居リマス、実ハ私此処ニ持ツテ居ルノデアリマス」と発言している。四月一〇日のこの発言で高坂が鳩山の報告について触れていることから、「其速記」が三月七日の帝国議会におけるものであることは明らかである。高坂は「其速記」を全県会議員に配布することを求めており、そうすると、信濃教育会が帝国議会での鳩山報告の内容を知りえた可能性は充分にある。政府当局の事件に対する見解は、信濃教育会にとって無視しえない内容を含んでいたのである。

政府以上に、長野県の状況を詳細に知る長野県会では、一九三三年四月一〇、一一日の臨時県会で事件の質疑がなされた。以下、『昭和八年第五六回　長野県通常県会議事日誌』に収録されている「長野県臨時県会議事日誌」[45]からその内容を確認する。

宮沢議長は、「過般ノ衆議院ニ於キマスル例ニ倣」って、この質疑の模様を記録し、その速記録を「公表イタシマセヌ」と言っているが、学務課に対する信濃教育会の影響力や宮沢自身が当時信濃教育会の監事であったことを考えると、その内容は信濃教育会も知るところであったと思われる。一〇日の県会は、山本義章警察部長と古賀精一学務部長による事件の説明がほとんどであり、実際に議員が質問をするのは一一日のことである。

その最後に質問に立った中原謹司の発言は、ほかの県議に比べ信濃教育会に対して非常に厳しいものであった。事件の背景には、「ドウシテモ信濃教育会ト云フ此ノ集団ニ何等カ、信濃教育会ノ先キニ立タレル人達自ラ認識ハシナイケレドモ、自ラ認識シナイ何等カノ関係ガ含ンデ居ルノデハナイカ」と中原は言う。さらに、諏訪部会における会長選挙公選の主張が、「間接ニ部会ノ幹部ニ対スル反感デアルト同時ニ、部会ノ幹部ノ意図ヲ十分堅ク握ツテ居ル信濃教育会ニ対スル反感ダトモ思ツテ居ル」との認識を示す。公選制を主張した新興教育運動に携わる教員たちが、佐藤会長や守屋喜七専任幹事を批判の対象にしていたことからも、この中原の認識は事の本質を突いている。こうした認識が、中原に

赤化ノ教員ガ多数出タト云フコトニ付テハ、信濃教育会幹部ノ諸君ハ猛省ニ思セラルベキガ至当デアルト

思フ、ドウゾソレラノ幹部ノ諸君ノ信濃教育会ノ空気ヲ一新スル為ニ、幹部ノ諸君ニ対シテ大イニ信濃教育会ノ刷新ト云フコトニ付テ深イ考ヘヲ有ツテ戴キタイノデアリマス

と語らせたのであろう。事件の対応策として打ち出された視学増員についても、

根本カラ中シマスルト云フト、信濃教育会ガ従来ノ自由主義的ナ考ヘカラ蟬脱〔せんだつ〕シ、更ニ信濃教育会ガ人事関係ニ於ケル、県当局ニ対スル建言ト云フヤウナコトニ付テモ非常ニ猛省スルニアラズンバ、幾他ノ視学サンヲオ殖シニナツテモ、矢張リ斯ウ云フヤウナ不祥事件ガ次々ニ起ルノデハナイカト思フ

と述べ、事件と信濃教育会の関係を重視する姿勢を貫くのである。

中原謹司は、こののちに衆議院議員に選出され、満州分村に反対した大下條村の佐々木忠綱を「お前の首を切るくらいのことは、世話ないぞ」と恫喝した人物である。中原謹司の信濃教育会に対する見解の厳しさは、ほかの誰のものよりも際立っている。そしてこのことは、地域右翼が遺した多くの資料に共通していることでもある。

そうした資料のひとつが「伊那思想史稿」(46)である。そこでは、事件のなかに信濃教育会をどのように位置づけているのか。まず注目すべきは、その構成である。第四編「赤化思想発生の近因」には、信濃教育会の成り立ちや組織といった基本的な事柄も記述されている。これらをも「赤化思想発生の近因」として扱うのである。また同編「四、信濃教育会の指導精神」では、信濃教育会の方針が「飽

迄も自由主義的思想で一貫してゐる」とみて、その「人格教育主義」が「気分教育」を生み、さらには「二・四事件」を「惹起」したとしている。(47)第一四編「教員赤化事件」では、教労や新興教育同盟が「運動目標を信濃教育会に置」いて「実践的運動に進出した」と記し、(48)事件を信濃教育会に関連づける。この傾向は、「二・四事件の発覚で最も狼狽したのは信濃教育会である」(49)という文章にも反映されている。この第一四編では、第二章第二節を「信濃教育会の対策」とし、約二〇頁にもわたって信濃教育会の事件に対する反応を列挙しており、地域右翼が二・四事件に対する信濃教育会の姿勢を注視していたことを想像させる。(50)そして、最後は県会での中原の追及に関する記述で締められている。

本事件は八年十一月招集の本県々会に於て俄然問題化し、愛国勤労党の中原議員は県当局に指導方針を質すと共に、信州教育の奥底に流る、自由思想に禍せる点を強く指摘して、赤化思想撲滅のためこの自由思想の清算を強く要求したのである。この中原議員の質問は果然教育界に一大センセイシヨンを投じ、就中〔なかんずく〕信濃教育会の幹部は頗る狼狽したのである。教育会は中原議員の質問に正面から答へ得ず、徒に抽象的な弁解に努めたのみで、一時は教育者としての態度を失つた感があつた。教育王国の夢は本事件によつて徹底的に叩きのめされた。(51)

中原が一九三三年四月の臨時県会以外でも、それと同様の質問をしたことは定かではなく、一一月の県会と四月の臨時県会を混同したのかも不明である。しかし、中原の質問が、信濃教育会に影響を与えたと地域右翼が思っていたことは確かである。

次に、信州郷軍同志会『極秘　長野県赤化運動ノ全貌並ニ調査表』[52]（以下『調査表』）の内容をみていく。信州郷軍同志会は、中原謹司が中心となり一九三二年五月に結成された全国初の在郷軍人会を基盤とする政治組織であり、三三年八月には『信濃毎日新聞』に掲載された桐生悠々の「関東防空大演習を嗤ふ」を「反軍」的として攻撃し、激しい不買運動を展開した友軍団体である。『調査表』は、『信濃毎日新聞』や帝国議会と比べて、二・四事件を教員赤化事件として捉える傾向が弱いが、その理由は『調査表』の冒頭の件を読むとよく判る。

赤化少年ノ温醸ノミデナクコノ数年中ニ在郷軍人ノ一員タルベキ運命ヲ持ツ長野県青年ガ赤化教員検挙ト同時ニ赤化教員ノ多数ヨリモ猶ホ其ノ数ニ於テ倍加シタル三百余名ノモノガ治安維持法違反トシテ検挙サレタト云フコトハ恐〔ママ〕愕ヲ越エテ吾等在郷軍人ノ生死ノ問題デアル[53]

事件に対してこうした見解をもっていた信州郷軍同志会が、事件を通じて信濃教育会を論ずるのは、事件における信濃教育会の存在と責任を重視していたことの現れである。『調査表』は、信濃教育会を名指しこそしないが、以下の文章から信濃教育会が意識されていることは間違いない。

日本ニ於ケル国民教育ハ対長野県ヲ模範トシ長野県ニ於テハ諏訪郡教育会ヲ其ノ宗トスルヤ久シイ間デアツタガ其ノ諏訪郡ヲ中心トシテ赤化教員ノ運動ガ抬頭シタノハ皮肉ト云ハバ皮肉デアル[54]

「諏訪郡教育会」（諏訪部会か）が実際に「宗」であったのかは判らない。しかし、「皮肉」という語は、諏訪部会、ひいては信濃教育会の責任を暗示している。また、「教育労働班ノ再建ハナシ」と予想するものの、「教育会ノ空気（自由主義思想）」や「個人主義的一般民衆ノ心的傾向」などから、「極左思想ヲ有スル類似団ノ抬頭ハ全ク〔ママ〕絶無ナルヲ保シ難シ」と結んでいる。(55) 極秘とされた『調査表』は、信州郷軍同志会の内部資料であろうから、信濃教育会へ転向を促すというよりも、同志会会員であろう読者に対し信濃教育会への注意を促しているとみるべきである。だとするならば、一九三三年八月に同志会が信濃毎日新聞社に対して行った攻撃と同様なことが、信濃教育会の二・四事件への対応次第で、同会に対しても行われる可能性があったといえる。

三点目は、中原自身による「教学刷新と信濃教育会の急務」(56)（以下「中原メモ」）と題されたメモである。手書きで罫紙七枚から成り、一九三〇年代後半に書かれたと思われる「中原メモ」にも、二・四事件に関する記述が確認できる。

メモの三枚目には「二・四事件」の簡単な統計を記したうえで、「哲学思潮を教育との不可分の教養なる如く観念つけて不祥事に至らしめた教育会の過程　猶清算されす至る」として、信濃教育会の対策に不満を露わにしている。「この不祥事革新に導かす退嬰的困〔ママ〕循の思索生活に進込む結果となつた」という長野県教育界の動向は、「時局要求「臣道実践」とは遙かに遠い巨〔ママ〕離てあ」り、中原の不満の背景となっていたのであろう。

四枚目で中原は、一九三〇年代後半の「現状」を分析する。三木清・木村素衛・高坂正顕ら西田幾多郎「門下生」の長野来県などで、「不祥事件後」の教育界は西田哲学に魅入られているとし、「哲学思潮の信濃教育会の根強い風潮」があり、それは「国家の統制を慊とせす非常時の現実に目を掩」うものと結論づけている。このことは、「学者ならハ許されるかも知れぬ　教育家では許すへくもない」と厳しい目を向けている。

　最後の三枚は、信濃教育会自体についての分析にあてられている。信濃教育会は「朋党的結合、幕府的存在」であり、「守屋、林、斉藤…ハド〔ママ〕ンの受渡し」がなされている信濃教育会によって「学ム課はその出張所」になっていると記す。それに関連して、「半歳にして去」った「長船県学ムカ長談」として「信濃教育界〔ママ〕に信念な」く、また「学ム課存在の意味なし」と触れている。また、ここには「信毎との結託」という項目があるが、具体的に何も記しておらず、詳細は不明である。しかし、中原が信濃教育会と信濃毎日新聞社をいわゆる同じ穴の狢《むじな》と見なしていたことは間違いない。中原を中心とした信州郷軍同志会による信濃毎日新聞社への攻撃を考慮すると、興味深い分析といえよう。続いて信濃教育会の「現状」として何項目か列挙しているが、事件後の信濃教育会の対策には一切言及していない。「伊那思想史稿」がその点に触れていることに比べると、かなり異質である。逆に、古島一雄や佐藤尚武の信濃教育会総集会での講演[57]を書き出し、佐藤尚武に関しては「仏国礼賛非国民的」とまで記す。

　これらのことから判るように、中原は信濃教育会の風潮の変化が、不充分ないしはまったくないとみていたのである。メモの最後、「結」として書かれた部分は、「この際□□構成要素首脳部を馘つて威を示すに非されハ翼賛の実ハ即せられす[58]」という文章で締められている。中原の信濃教育会への不満がいかに強いものであったのか、この一文が端的に示している。中原の基準では、二・四事件後の信濃教育会ですら「転向」しているわけではなく、明確な攻撃目標だったのである。

最後に『信濃国民新聞』を紹介する。同紙は信州郷軍同志会の機関紙『信州郷軍』の前身である。二・四事件当時は週刊紙であった『信濃国民新聞』には、事件に関して、一九三三年五月七日から二八日まで三回にわたり、「信濃教育会のために切言す」という論評が連載されている。筆者の「高原起雲子」とは中原謹司のことであろう。あまり信濃教育会に触れていない『調査表』とあわせ、この二点が信州郷軍同志会、すなわち地域右翼的な視点による二・四事件の全体像を示すものとみてよい。「伊那思想史稿」や「中原メモ」は、事件に対する分析という面で、この二点の延長線上にある。またこの連載は、『調査表』とともに、事件報道が禁止されていた時期に該当するが、『信濃毎日新聞』もたびたび「某事件」として報道しているので、このこと自体に特質があるわけではない。「信濃教育会のために切言す」は次の一文から始まる。

> 全日本の国民教育の模範が信州教育であつて、その信州教育の模範が諏訪の教育であつた。それが今回信濃教育界〔ママ〕の不祥事件が本山たる諏訪郡を中心にして全県下広汎な範囲に勃発したのであつたから、文部省始め全国的に驚愕周章したのも無理のない話である。[59]

確かに諏訪郡での教員の検挙数は多く、全県で三番目である下伊那郡（中原の出身地）の四倍強にあたる。[60] それでも、教員の検挙数で南信が全県比六八％を占めていることから、少々穿った見方をすれば、諏訪郡を強調して書くことは、中原にとって下伊那郡における地域右翼の活動の成果を強調するために必要かつ当然のことといえる。この連載は「信濃教育会にたいし世上疑義の存するところを表明しつつその猛省をうながす」ために書き起こされたものであり、そうした姿勢を『信濃毎日新聞』からは確認できない。「今回の赤化教員不祥事件は佐藤〔寅太郎信濃教育会会長――引用者〕翁のいふ如く、国家社会の罪であり天罰であつて誰の罪でもない」と書きながら、「信濃教育会の思想的立場は多分に自由寛容の精神を尊重し」ており、「寛容主義は国家の秩序を乱し、社会を放縦乱離に導く禍根であると断言してはゞからない」と「高原」は連載第一回を結んでいる。

信濃教育会に対する厳しい論評は、連載第二回目にも続く。

> 信濃教育会の専任理事であり実際上の主宰者である守屋氏はかつて長野市後町小学校長たりし時自由主義教育の見地より東郷元帥揮毫の「忠孝」の扁額をその講堂より撤去した人である。個性尊重の教育も画一教育打破の学風も教権独立の強調も守屋先生を中心にして、総じて信濃教育会の功罪は先生を中心にして今日までの信州教育界の空気を左右して来てゐるといつても差支へないであらう。(61)

これは信濃教育会が反軍的であることを行間に忍ばせている。教労長野支部の教員たちによる「封建的なファッショ的な反動思想にうごめいて居」るとの守屋評とは、正反対の評価が下されている。また「不祥事件」にからんで、「信濃教育界〔ママ〕の自由教育の精神が、今日赤化を産む温床となつたのであ」り、「かゝる自由主義的な観念が信濃教育会に存続するかぎり〔勿論社会上経済上の欠陥は見のがせないけれども〕教育上の不祥事件は絶へないと信ずるものである」との記述がある。後者の主張は、先に確認した中原謹司の臨時県会における発言と酷似している。中原の臨時県会における発言の根底にも、前者の思惑があったことが判る。信濃教育会幹部が「日本精神の弛緩か若くは欠如を示してゐる」と見なす「高原」は、

> 教育会内より、県下四十余校にわたり百数十名の赤化教員を輩出し、しかも未前〔ママ〕にこれを察知し得ず県警察部の手によつて摘発さるゝまで全くこれを覚り得なかつたといふことは、他に幾多の功績と美事があらうとも国民教育の府であり、民族的理想信念を薫育すべき集団の指導者として全く責任がないのであらうか

と述べるが、「誰の罪でもない」はずなのに、信濃教育会幹部の責任は追及するという自己矛盾に陥ってまで信濃教育会を攻撃している。さらに事件は「根底においては大逆罪であり」、したがって信濃教育会がその「攻撃者」に対し「逆襲」するのは問題にならないとして、自己の攻撃を正当化している。さらには、

> 教権独立を、理想主義を、精神主義を強調し来つた信濃教育会幹部諸君が、今回の如き不祥事件を内発したことについて静かに自由主義教育、個人主義教育、新奇なる専問〔ママ〕事項研究奨励の過去を顧みて、果して一片の責任すら感じないであらうか。恐懼して罪を待つといふ謙虚な心持ちにはどうしてもなれないものであらうか

と結んでいる。ここに至ると、もはや「誰の罪でもない」と述べたことは完全に忘れ去られている。こうした自己矛盾に対する回答は、連載最終回で確認できる。

> 私は信濃教育会幹部諸君が「責任観念」といふことについて日本的信念が欠如してゐると感ずるものゝ一人である。一体今回の赤化教員問題については所謂法律規定に準拠した責任の範囲から論ずれば、校長あり村長あり県視学あり学務部長あり自づから責任の範囲も局限されることゝ思惟するけれども少なくとも〔中略――引用者〕教育会にとつては左様な欧米流な法律規定の範囲において責任感を云為すべきでないと信ずるのである。(62)

信濃教育会の責任が不問になるのは「欧米流な法律規定の範囲」であって、「日本的信念」からは責任があるとしている。さらに「日本的信念」と同義であろう「日本精神」を論じたうえで、結論として

> 法律的責任論を真向にふりかざして、信濃教育会幹部諸君がこの事件にたいする何等内省の責を示してくれないのみならず、多少の苦言を呈するものにたいし「僻眼者」と呼び「心あるものゝ恥づべき事である」と断じ、むしろ得々たる有様は、免れて恥なき者の態であつてこの一事を以て見るもかゝる態度で果して現代の険悪なる世相を救ひ信州国民教育の大本山として教育是の確立指導に耐へ得るや否やを疑はざるを得ないのである

と述べる。最後に付言的に、「教育会今後の動向を見て再び幹部諸君の猛省をうながすであらう」と予告している。

調査した限りこうした記事は以後掲載されていないが、「中原メモ」から判るように、中原謹司はその後も信濃教育会への不信感をもち続けていた。「高原」こと中原がこの連載で真に意図したことは、赤化事件を奇貨として、彼からみれば自由主義的精神をもっていた信濃教育会を攻撃することであったのではなかろうか。

このように、地域右翼を代表する中原謹司は二・四事件を通じて信濃教育会に厳しい視線を向けていた。信州郷軍同志会は、信濃毎日新聞社をはじめ「反軍」的な団体、政党政治家に攻撃を繰り返しており、彼らの視線を無視することは信濃教育会にはできなかったであろう。結局、信濃教育会は自らの意識とは裏腹に、「思想事件」に関しての「疑義」をただす必要に迫られ、国策追従を明確に打ち出していったのである。

四　小括

雪害や冷害などの経済事情を考慮して算定された全国的な割当数は、長野県において上方修正されたうえで、機械的な割当がなされた。その結果、全国的にみれば経済要因が求める以上の、県内的には画一的な、どちらの面からも経済要因のみでは説明しきれない青少年義勇軍の送出数を示すに至ったのである。そして、送出数を左右した割当数の決定には、義勇軍送出に対する熱意が影響を与えている。前章で確認したように、一般開拓団では、移民熱の高い「中心人物」や「中堅人物」の存在が送出分布に影響を与えていた（「バスの論理」）。義勇軍では、その熱源が信濃教育会にあった。信濃教育会が全県を網羅する組織であったがゆえに、送出において地縁的結合関係に影響される「バスの論理」は作用することなく、本章冒頭で確認したような、募集対象の人口との相関が高い送出分布となったといえる。教員による勧誘は義勇軍応募の最も重要な原因となり、青少年たちは直接的には教員によって満州に送り出された。割当の実現に積極的に関与したことのみをとっても、信濃教育会が義勇軍送出において果たした役割を無視することはできない。

教員をはじめ長野県教育界に決定的な影響力を示していた信濃教育会は、発足当初からもっていた海外発展思想という内的要因により満州移民研究を行い、二・四事件における責任を追及されるという外的要因により国策追従に会を挙げて取り組むようになった。長野県で燃え盛った青少年義勇軍送出熱は、信濃教育会を主軸に展開された教育運動とそれに対する弾圧の歴史が、多様な形で作用して高められたのである。その意味で、義勇軍送出事業は、信濃教育会を中心とし、「教権の独立」への志向、さらに大正自由教育や左翼的教員運動の隆盛とそれへの弾圧に彩られた戦前の長野県の教育の終着点を示しているといえる。

注

（1）白取道博「「満蒙開拓青少年義勇軍」の創設過程」『北海道大学教育学部紀要』第四五号（一九八四）、一九一頁。
（2）浅田喬二「満州農業移民政策の立案過程」満州移民史研究会編『日本帝国主義下の満州移民』（龍渓書舎、一九七六）、一〇一頁。
（3）長野県開拓自興会満州開拓史刊行会編『長野県満州開拓史』総編（同会、一九八四）、六一四-六一五頁。
（4）長野県『長野県史』通史編第九巻近代三（長野県史刊行会、一九九〇）、四四〇頁。
（5）前掲『長野県史』通史編第九巻近代三、四三八頁。
（6）桜本富雄『満蒙開拓青少年義勇軍』（青木書店、一九八七）、一七二頁。
（7）陳野守正『先生、忘れないで！——「満州」に送られた子どもたち』（梨の木舎、一九八八）、一九七頁。
（8）長野県『長野県史』近代史料編別巻統計二（長野県史刊行会、一九八五）より算出。
（9）前掲『長野県満州開拓史』総編、四一一-四一二頁。
（10）白取道博「「満蒙開拓青少年義勇軍」の変容（一九三八〜一九四一年）——「郷土部隊」導入の意義」『北海道大学教育学部紀要』第五四号（一九九〇）、四五-四六頁。
（11）満州開拓史復刊委員会企画編集『満州開拓史』増補再版（全国拓友協議会、一九八〇）、四六四頁。
（12）『自昭和十三年度至昭和十五年度満州開拓農民及青少年満蒙開拓青少年義勇軍綴』飯田市三穂支所所蔵。
（13）本人より聞き取り（二〇〇〇年八月一九日、下伊那郡阿南町において）。氏は一九四三年下伊那郡下條村大下條高等国民学校卒、同年内原訓練所入所後、第六次鉄驪《てつれい》義勇隊小池中隊員として渡満。なお、筆者が氏に出会ったのはまったくの偶然で、夕食を求めて入った定食屋にいた唯一の先客が氏であった。偶然こういった体験をもつ人に出会えたのは、下伊那郡ならではといえる。
（14）元石川県送出義勇隊員からの著者聞き取り（二〇〇二年七月七日、石川県辰口町たがわ龍泉閣にて）。
（15）前掲『先生、忘れないで！』、一六一頁。陳野が紹介しているのは、勧誘にあたった教師自身の子供が、

「男の子が五人もいるのだから一人は行ってほしい」と願われ志願した例である。しかし、このような請願の仕方は、教師以外の家庭一般に行われていたと充分推察できよう。
(16) 金谷吉雄「満蒙開拓青少年義勇軍」野添憲治・簾内敬司編『戦争のなかの教師たち――秋田の太平洋戦史二』（秋田書房、一九七八）、三〇-三二頁。
(17) 前掲『長野県満州開拓史』総編、六〇五-六〇六頁。
(18) 『長野県報』一五職第三七三号（一九四〇年五月二三日）。
(19) 前掲『満州開拓史』増補再版、二六一頁。
(20) 前掲『長野県満州開拓史』総編、四三一頁。
(21) 浅岡一「憲法発布祝賀式に於ける演述（筆記）」『信濃教育会雑誌』第三〇号（一八八九年三月）、五頁。
(22) 飯田幸造「移住心」『信濃教育会雑誌』第一五〇号（一八九九年三月）、一一頁。
(23) 『東京朝日新聞』一九〇三年六月二四日。
(24) 蔵原惟昶編『日露開戦論纂』（蔵原惟昶、一九〇三）、八頁。同書は、「所謂『七博士の覚書』の主張を更に近時の形勢に照して詳説」（例言）したものである。
(25) 「彙報満韓旅行者と本県人」『信濃教育会雑誌』第二三八号（一九〇六年七月）。
(26) 信濃教育会『信濃教育会五十年史』修正再版（信濃毎日新聞社、一九三五）、一六七頁。
(27) 前掲『信濃教育会五十年史』修正再版、二八二頁。
(28) 前掲『信濃教育会五十年史』修正再版、二九一頁。
(29) 特に中村国穂は、守屋喜七が海外発展の功労者に挙げた人物である（守屋喜七「中村国穂君」『信濃教育』興亜教育特集号、第六六二号、一九四一年一二月）。
(30) 信濃教育会編『佐藤寅太郎選集』（信濃教育会、一九五四）、一七〇頁。
(31) 矢島音次「時局に直面して」『信濃教育』第五四二号（一九三一年一二月）、一頁。
(32) 前掲「時局に直面して」、四頁。

(33) 「彙報昭和六年の回顧」『信濃教育』第五四三号(一九三二年一月)、一一七頁。
(34) 『満洲視察報告書』巻末では派遣員が五名記されており、四名とする前掲『信濃教育会五十年史』修正再版の記述(三五一頁)と異なっている。
(35) 前掲『信濃教育会五十年史』修正再版、三五二頁。その後、関係著作物の出版事業が加わる。ちなみに、戦後出版された『信濃教育会九十年史』(信濃教育会出版部、一九七七)では、「進出」の部分が「移民」に書き換えられている(一一三頁)。侵略性を多少なりとも和らげ、自らの責任を回避しようとする当時の信濃教育会の姿勢の一端がうかがえる。
(36) 「移植民教育ニ関スル研究委員会誌」信濃教育会所蔵。
(37) 野村篤恵「満蒙開拓青少年義勇軍」『信濃教育』第六三六号(一九三九年一〇月)。
(38) 土屋弼太郎「農村問題の一方向」『信濃教育』第六三七号(一九三九年一一月)。
(39) 西沢太一郎「信州教育と海外発展」『信濃教育』第六六二号(一九四一年一二月)、一四二頁。
(40) 前掲『信濃教育会五十年史』、四一四頁。
(41) 信濃教育会「時局に関する宣言並思想事件に就ての対策」(一九三三年九月)、信濃教育会所蔵、一一二頁。
(42) 『信濃毎日新聞』一九三三年二月二一日。
(43) 地域右翼という名称については、須崎慎一『日本ファシズムとその時代――天皇制・軍部・戦争・民衆』(大月書店、一九九八)でも用いられており、須崎は地域右翼をファシズムの一形態と位置づけている。本書では、ファッショ的傾向の萌芽が認められているに過ぎない段階からの右翼運動を視野に入れているため、ファシズムという名称を用いることを避け、その一方で左翼的運動との対置を明確にするために、地域右翼という名称を一貫して使用した。
(44) 第六四回帝国議会衆議院本会議議事録「長野県小学校教員、長崎地方裁判所職員ノ治安維持法違反事件ニ付キ報告ノ件」国立国会図書館憲政資料室所蔵。
(45) 長野県教育史刊行会編『長野県教育史』第一四巻史料編八(同会、一九七九)、所収。

(46) 塩沢栄三「伊那思想史稿」飯田市立中央図書館蔵。第一編「緒論」から第一六編「赤化思想の終焉」まで、二〇〇字詰め原稿用紙約一、一〇〇枚にのぼる。森本州平と中原謹司の依頼で、中原の近親者で新聞記者だった塩沢栄三が書いた。伊那地方の古代から一九三七年までを扱い、「赤化思想」に関する記述が軸。脱稿がいつなのかは明確ではないが、「十余年前芽生へた国民精神作興会」（第一六編、六八頁）との記述から、一九三八年頃と思われる。発刊に至らなかったのは「開戦前夜の状況下で」の「思想・言論統制によ」る事情から（『信濃毎日新聞』一九八一年八月一四日）。なお、「伊那思想史稿」の頁は、編ごとに始まったり、章ごとに始まったりしていて未統一なことに加え、番号がとんでいたりしているが、引用頁は記載されている番号をそのまま使用した。

(47) 前掲「伊那思想史稿」第四編「赤化思想発生の近因」、一二一-一二三頁。

(48) 前掲「伊那思想史稿」第一四編「教員赤化事件」、三九-四〇頁。

(49) 前掲「伊那思想史稿」第一四編「教員赤化事件」、五〇頁。

(50) ほかにも国立国会図書館憲政資料室に収蔵されている「中原謹司文書」の「伊那思想史関係」には、一九三六年から翌年にかけての新聞記事の切り抜きが収められている。その内容は、ほとんどが信濃教育会の動向を伝えるものであり、中原がいかに信濃教育会に注意を払っていたのかがうかがい知れる。

(51) 前掲「伊那思想史稿」第一四編「教員赤化事件」、七六-七七頁。

(52) 信州郷軍同志会『極秘　長野県赤化運動ノ全貌並ニ調査表』（一九三三）、飯田市立中央図書館所蔵。ガリ版刷りで、折り込みの資料を含め約一二〇頁ある。

(53) 前掲『極秘　長野県赤化運動ノ全貌並ニ調査表』、一-一二頁。

(54) 前掲『極秘　長野県赤化運動ノ全貌並ニ調査表』、九頁。

(55) 前掲『極秘　長野県赤化運動ノ全貌並ニ調査表』、一二頁。

(56) 中原謹司「教学刷新と信濃教育会の急務」国立国会図書館憲政資料室所蔵「中原謹司文書」所収。書かれた年代は不明だが、その内容から一九三八年六月以降と判断でき、「伊那思想史稿」の脱稿とほぼ同時期と思われる。

(57) 古島は一九三七年六月に「我が国近時の政情」という演題で、佐藤は三八年六月に前外務大臣として「欧州政情と日本」という演題でそれぞれ行っている。

(58) 前掲「教学刷新と信濃教育会の急務」、七枚目。

(59) 『信濃国民新聞』一九三三年五月七日。

(60) 二・四事件記録刊行委員会編『抵抗の歴史——戦時下長野県における教育労働者の闘い』(労働旬報社、一九六九)、二七四-二七五頁。

(61) 『信濃国民新聞』一九三三年五月一四日。

(62) 『信濃国民新聞』一九三三年五月二八日。

第4章

社会運動の軌跡と移民の送出

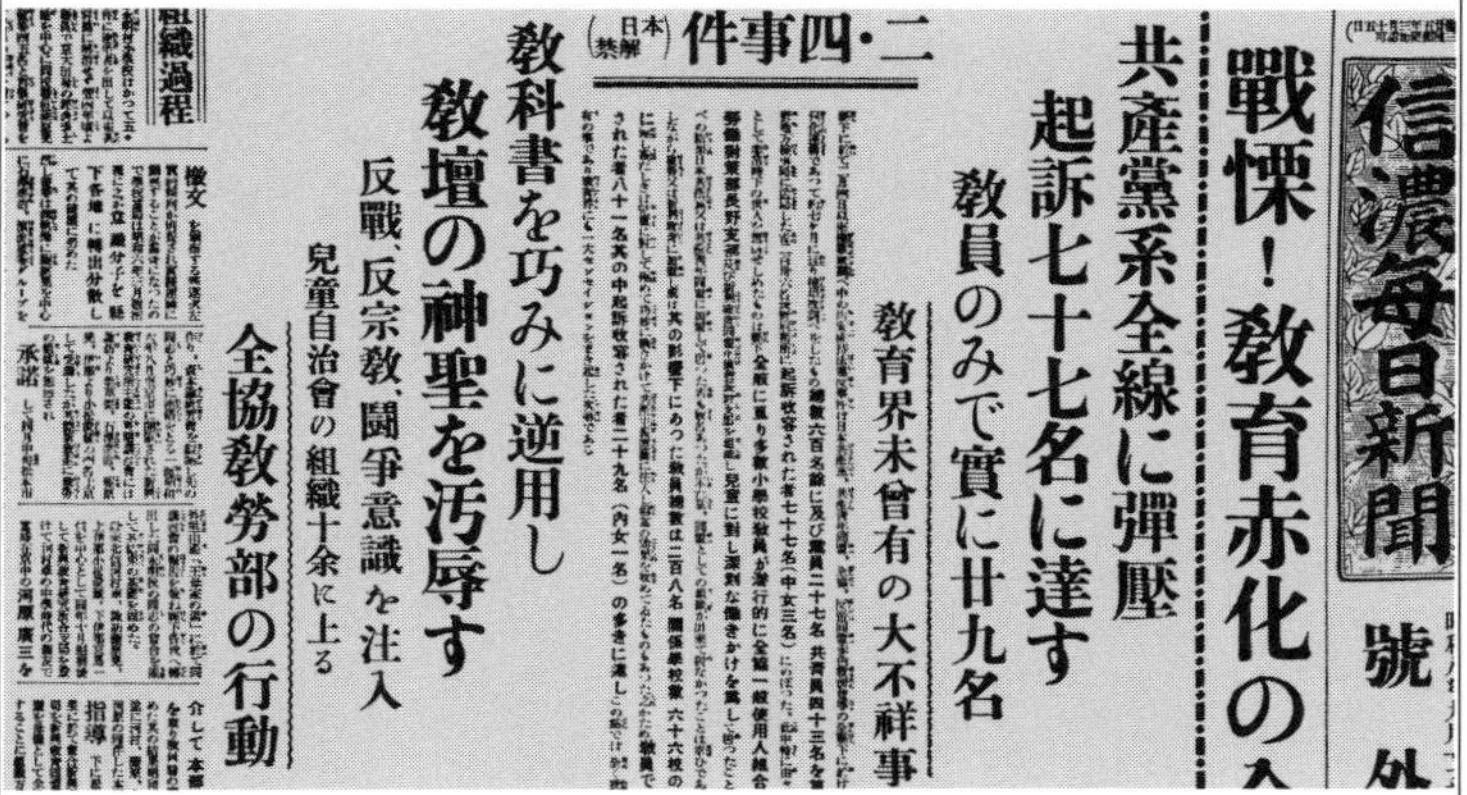
信濃毎日新聞 號外
戰慄！教育赤化の
共産黨系全線に彈壓
起訴七十七名に達す
教員のみで實に廿九名
教育界未曾有の大不祥事
二・四事件（日本解禁）
教科書を巧みに逆用し
教壇の神聖を汚辱す
反戰、反宗教、闘爭意識を注入
兒童自治會の組織十余に上る
全協教勞部の行動
組織過程

二·四事件を伝える号外。教員赤化事件としての側面が強調され，長野県内のみならず，全国でも大きく報じられた。（「戦慄！ 教育赤化の全貌」『信濃毎日新聞』号外，1933年9月15日）

出典：『信濃毎日新聞に見る一一〇年』昭和編
（信濃毎日新聞社，1983）186頁

これまで、長野県における満州農業移民事業をみてきた。しかし、長野県の近代史は、全国一の満州移民送出数のみが特徴ではない。運動史的には、青年団の自主化運動に代表される自治的、ひいては左翼的運動が激しかった地域であり、その一方で、昭和期に入り右翼的運動も盛んに行われている。ところが、満州移民史と社会運動史的側面との関連を指摘した研究はほとんどない(1)。例えば、長野県歴史教育者協議会による研究では、信濃教育会の分析を通じて史的連続性を指摘している(2)。しかし、戦前長野県の社会運動史上最大の事件ともいえる一九三三（昭和八）年の二・四事件との関連を軽視していることから判るように、信濃教育会に固執するあまり義勇軍送出とほかの歴史的事象との関連づけが明確ではない。二・四事件の発生と満州農業移民の開始は、ともに一九三〇年代の出来事であり、このことから考えても、両者に何らかの関連をみる方が自然ではないだろうか。

農民が「生きるための手段として移民の道を選んだ(3)」のであるならば、昭和恐慌期に展開された小作争議と本質的に同じ事象である。ならば、小作争議を代表例とする農民運動と満州農業移民事業の関係は、論及されなければならない。同様に、青少年義勇軍送出が教育の影響を強く受けたのであるならば、それ以前の教員運動に目を向ける必要があろう。これについて、高橋泰隆は、以下のように述べている。

> 現在のところ推定しうる結論は、分村を実行した村は恐慌後に大きな小作争議が存在した村でなかったことである。〔中略――引用者〕したがって分村を実行した村においては、昭和恐慌後に小作争議があったことよりは、なかったことの意義こそを重視すべきかも知れない(4)。〔傍点――原文〕

そこで、長野県における戦前社会運動の展開を分析し、その満州移民事業との関連を明らかにすることを試みる。

一　昭和恐慌下の農民運動と教員運動

農民運動の展開

昭和恐慌期に発生した東筑摩郡麻績《おみ》村、南安曇《あづみ》郡小倉村、そして埴科《はにしな》郡五加《ごか》村における小作争議は、長野県の三大小作争議といわれている。これらの共通点は、全国農民組合（全農）によって指導されていた点と、各村が全農左派である全国会議派（全会派）と深い関わりをもっていた点である。この時期の長野県の農村では、左翼的農民運動が活発に展開されていた。しかし同時に、排外主義の高揚や軍部の台頭を背景に、右翼的農民運動も発生していた。自治農民協議会および日本農民協会による農村救済請願運動は、その代表例といえる。一九三二（昭和七）年五月から開始された三ヵ条請願および八月の五ヵ条請願で、長野県は全国最多の署名者数を集めた(5)。長野県は、左翼のみならず、右翼的な農民運動も盛んだったのである。なかでも、麻績村や小倉村における三ヵ条請願の署名者数は、三百人以上にのぼっている(6)。つまり、昭和恐慌期の長野県下の農民運動は、経済的困難を克服すべく左右両派が同一村内に併存しつつ、その活動が激しさを増したことに特徴がある(7)。

一九三二年末の時点で、長野県下二二六団体（協調組合・地主組合を含めると二三八団体）のうち、全国的組織に参加していた組合は六〇団体（二六・五％）であり、さらにそのうち四七団体が全農全会派

表4－1　長野県下の農民団体組織状況─1932年12月末

団体種別	組合数		組合員数	
	組合数	%	員数	%
全農全会派	34	15.0	1,710	12.9
同支部準備会	13	5.8	697	5.2
全農総本部派	8	3.5	473	3.6
日本農民組合	2	0.9	176	1.3
日本農民組合総同盟	3	1.3	134	1.0
単独組合	166	73.5	10,114	76.0
小計	226	100.0	13,304	100.0
協調組合	9		1,697	
地主組合	3		126	
総計	238		15,127	

出典：長野県特高課『長野県社会運動史』（昭和十四年二月現在）555頁より作成。

（全農県連）であった（表4－1）。また青木恵一郎によると、圧倒的多数を占める単独の組合も全農全会派の指導と影響のもとに置かれていたという⑧。これに対し安田常雄は、これらが完全に組織化されていないことに着目し、そこから全農全会派を含めた県下農民運動の脆弱性を指摘する⑨。県特高課による資料では、全農全会派について「農民組合中其ノ運動最モ活潑ニシテ尖鋭ナルモノ」とし、単独組合については、組合数こそ多いものの「活動ニ至リテハ見ルベキモノ必ズシモ多カラズ」としている⑩。いずれにせよ、昭和恐慌下における長野県下の農民運動は、全農全会派が優勢であった。

全農県連の主要な活動時期は、一九三〇年の県下農民戦線の統一から三三年二月までの二年間であり、組織が確立した地区は全県にわたった⑪（表4－2）。しかし、郡市別の支部数・組合員数の分布状況をみると、全農県連による農民運動の展開地域は北信・東信がおもであり、中信・南信における基盤はそれに比べ脆弱であった。

社会運動の先進的地域である南信諸郡（諏訪・上下伊那）で全農県連の基盤が脆弱であった点は注意を要する。県特高課の資料でも、この時期の農民運動は、東信・北信中心の記述であり、南信での活

表4－2　全農県連の地区分布

郡市	支部数		組合員数		確立地区(32年春)
	支部数	%	員数	%	
更級郡	1	1.8	225	9.6	更埴
埴科郡	10	17.5	990	42.4	
上高井郡	4	7.0	190	8.1	
下高井郡	5	8.8	49	2.1	下高井
下水内郡	5	8.8	57	2.4	下水内
上水内郡	1	1.8	120	5.1	
長野市	0	0.0	0	0.0	
北信計	26	45.6	1,631	69.9	
南佐久郡	6	10.5	36	1.5	南佐久
北佐久郡	6	10.5	92	3.9	北佐久
小県郡	9	15.8	268	11.5	上小
上田市	0	0.0	0	0.0	
東信計	21	36.8	396	17.0	
西筑摩郡	0	0.0	0	0.0	
東筑摩郡	3	5.3	30	1.3	中信
南安曇郡	4	7.0	139	6.0	
北安曇郡	0	0.0	0	0.0	
松本市	0	0.0	0	0.0	
中信計	7	12.3	169	7.2	
諏訪郡	0	0.0	0	0.0	
上伊那郡	2	3.5	22	0.9	上伊那
下伊那郡	1	1.8	115	4.9	
南信計	3	5.3	137	5.9	
県計	57	100.0	2,333	100.0	

注：支部数には支部準備会を含むが，原資料では年次が明らかでない。
出典：信州郷軍同志会『極秘　長野県赤化運動ノ全貌並ニ調査表』(1933)，青木恵一郎『長野県社会運動史』(1952)，293頁より作成。

動を確認できない。その原因は、信州郷軍同志会が分析するように、「三・一五及四・一六事件[12]ニヨリ中心人物検挙サレ」、一九三三年にも「残党幹部ノ検挙」があり、「気息炎〔ママ〕々全ク萎微〔ママ〕シテ振ハザルニ至ツタ」ためであろう[13]。すなわち、南信地方は、その先進性ゆえに早期に弾圧が加えられ、全農県連の活動時期には、運動の地盤が失われていたのである。安田は次のように論じている。

> 長野県の農村社会運動は、中信地方を除けば、運動の主力地域が北信・東信という、「千曲川水系」にそった縦断構成を示し、南信地方には、ほとんど見るべき農村社会運動は存在していない[14]。

南信地方に関しては先述のとおりであるが、ここで注目すべきは、運動の展開地域が水系に沿った縦断構成を示しているという指摘である。こうした縦断構成は、同時期に展開していた教員運動においても確認できる。

さて、のちの満州農業移民事業の展開を視野に入れた場合の、恐慌下農村社会運動の動向を確認しておきたい。先述した農村救済請願運動には、満州移住費の補助要求が盛り込まれており、前年来の満州侵略の影響が明確に現れている。農村救済請願運動が展開した一九三二年は、これまでみてきたように、満州農業移民の試験移民期の初期に該当しており、八月三〇日には拓務省の移民案が議会を通過した。これに対し、同じく一九三二年に全農全会派が提唱した「農民委員会」運動では、

> 小作料・土地問題のほかに、いっさいの農産物の損害に対する国庫保証、勤労農民負担の税金免除ならび

に滞納棒引、肥料、電燈料、鉄道運賃等の独占価格反対、農村失業者の失業保険の実施、出稼ぎ女工の家族委員会の組織など、[15]

多様な要求を掲げておりながらも、直接的には、満州侵略の影響を看取できない。実際に全農県連に指導された長野県の小作争議における要求も、ほぼこれに沿ったものであり、そこに満州問題は意識されていない。しかしながら、長野県特高課は、全農県連の闘争を以下のように把握していた。

全農県連ハ〔中略――引用者〕

（イ）小作料ノ減免

（ロ）立禁土地取上絶対反対

（ハ）立毛勤産ノ差押絶対反対

（ニ）勤労農民負担ノ税金免除並滞納棒引

（ホ）借金棒引

（ヘ）治維法、治警法、暴力行為法其ノ他勤労農民ヲ弾圧スル一切ノ法令撤廃

（ト）帝国主義戦争反対

（チ）ソビエト同盟ヘノ労農代表派遣

等々ノスローガンヲ高ク掲ゲ「飯ト仕事、土地ト自由ヲヨコセ」ト叫ビテ果敢ナル闘争ニ出デタリ。[16]〔傍点――引用者〕

全農県連は満州侵略を意識しつつ活動を展開していたといえよう。このような運動方針を掲げていた全農県連の活動が、二・四事件によって事実上壊滅したのである。

教員運動の展開

一方、昭和恐慌期の長野県教育界には、新興教育運動が浸透していた。全国と同様に長野県でも、昭和恐慌の影響が教員給の強制寄付や不払い、欠食児童といった問題が教育界に顕在化し、運動に参加した教員たちの動機づけとなっていた。長野県での新興教育運動は、一九三〇（昭和五）年に結成された諏訪郡永明小学校の研究会「金曜会」を母体にして、三一年一〇月に新興教育同盟の準備組織がつくられ同校を「拠点校」として展開されていった。それ以後一九三三年二月までという活動時期は、全農県連のそれとほぼ一致する。また運動主体である日本労働組合全国協議会日本一般使用人組合教育労働部長野支部（教労長野支部）は、県下全域の全九地区に組織された。しかし後述するように、主力地域は南信であり、農民運動とは状況を異にしていた。

全国的に新興教育運動は、教員をプロレタリア階級として、資本家階級との階級闘争を志向しているが、長野県での主たる闘争相手は信濃教育会であった。第一章第三節で取り上げた川井訓導事件を経て、より強化された信濃教育会による教育支配体制は、ときとして一部教員の意向を抑圧するものであった。さらに、信濃教育会の自主化は全国的には珍しい(17)が、同時期に展開していた青年団の自主化とは異なり、役員選挙が形骸化したことは、第一章で述べたとおりである。下伊那郡の場合、一九二一年に自主化を達成した郡青年団の運営は青年自身が担ったが、下伊那教育会では、自主化の機運をつくった青年教師たちが会の運営に参加することはなかった。当該地区の中心校の校長が会長に就く形態は、他の郡市教育会もほぼ同様であった。

新興教育同盟諏訪支局によるものと思われる一九三二年六月の『信ノ教育諏訪版』第一号には、公選を主張する記事がある。翌七月の『信濃教育諏訪版』第二号では、会長選挙公選の主張が「光輝ある伝統の下に屈服してしまつた」結果を受けて、今後の方針が挙げられている。その最後に、「教育会のなしてゐる仕事と一般教員の要求との距りを明瞭にし以て会長のみならず幹部の選挙の必要を痛感せしめること」が、「今から実行に着手」すべき事項であると結んでいる。この点は、直接運動に関与した教員たちによる証言でも明らかになっている。

これは、書記局の会議で方針を出したものです。教育会の各部会（信濃教育会各郡市部教育会）に働きかけて、すくなくとも役員は民主的な選挙制にしなければいけない、というわけです。時あたかも部会の総会の時期にあたるので、そこで信濃教育会民主化闘争をしようじゃないか、と決めたわけです。(18)

新興教育同盟や教労長野支部の教員たちは、信濃教育会や郡市教育会の「民主化」をひとつの運動目標にして活動を展開したのである。

このように、信濃教育会を強く意識しつつ展開していた新興教育運動の展開地域は、後述する二・四事件による検挙者分布で推定できる（表4-3）。表4-2と表4-3の農民運動に関する項目をみれば、運動の展開地域が検挙者分布に照応していることが確認されよう。教員運動関係者の検挙者分布

表4－3　二・四事件検挙者の郡市別分布

郡市	総数		職業別				運動体別			
			教員		農民		新教・教労		全農全会派	
	(人)	(%)	(人)	(%)	(人)	(%)	(人)	(%)	(人)	(%)
更級郡	8	1.5	5	2.3	1	0.7	6	3.0	1	1.0
埴科郡	12	2.3	1	0.5	6	4.2	0	0.0	8	7.6
上高井郡	11	2.1	0	0.0	10	7.0	0	0.0	9	8.6
下高井郡	12	2.3	0	0.0	12	8.4	0	0.0	10	9.5
上水内郡	20	3.8	6	2.8	13	9.1	11	5.5	8	7.6
下水内郡	3	0.6	1	0.5	1	0.7	0	0.0	2	1.9
長野市	9	1.7	4	1.9	2	1.4	4	2.0	0	0.0
北信計	75	14.2	17	8.0	45	31.5	21	10.6	38	36.2
南佐久郡	18	3.4	0	0.0	1	0.7	1	0.5	4	3.8
北佐久郡	12	2.3	9	4.2	1	0.7	9	4.5	1	1.0
小県郡	55	10.4	6	2.8	39	27.3	6	3.0	31	29.5
上田市	25	4.7	11	5.2	2	1.4	4	2.0	2	1.9
東信計	110	20.8	26	12.2	43	30.1	20	10.1	38	36.2
西筑摩郡	8	1.5	6	2.8	2	1.4	7	3.5	0	0.0
東筑摩郡	22	4.2	5	2.3	13	9.1	6	3.0	8	7.6
南安曇郡	48	9.1	40	18.8	5	3.5	45	22.6	4	3.8
北安曇郡	7	1.3	0	0.0	4	2.8	3	1.5	1	1.0
松本市	14	2.7	0	0.0	5	3.5	0	0.0	4	3.8
中信計	99	18.8	51	23.9	29	20.3	61	30.7	17	16.2
諏訪郡	88	16.7	58	27.2	1	0.7	50	25.1	1	1.0
上伊那郡	100	18.9	38	17.8	18	12.6	35	17.6	7	6.7
下伊那郡	50	9.5	23	10.8	7	4.9	12	6.0	4	3.8
南信計	238	45.1	119	55.9	26	18.2	97	48.7	12	11.4
県計	522	98.9	213	100.0	143	100.0	199	100.0	105	100.0
県外	6	1.1	0	0.0	0	0.0	0	0.0	0	0.0
総計	528	100.0	213	100.0	143	100.0	199	100.0	105	100.0

注：1）検挙者数には参考呼出を含む。

　　2）教員には養蚕教師・代用教員・元教員を含む。

出典：前掲『長野県社会運動史』（昭和十四年二月現在），790-814頁より作成。

をみれば、農民運動とは対照的に、新興教育運動は中南信を主要な展開地域としていることが確認される。

全農県連の活動スローガンに、帝国主義戦争反対が掲げられていたことはすでに述べた。このような反戦思想は、新興教育運動にも存在していた。表４-４は、県学務部が事件関係者の検挙直後の二月一四日に、その受持学級の児童に対して実施した意識調査の集計結果である。注目すべきは、反戦意識が確認された児童は半数を超え、影響を受けたとされる児童の七割以上に達している点である。

特高がまとめた教労長野支部の活動は、第一に「プロレタリア児童教育」、第二に「信濃教育会の批判とその曝露」、第三に「教員給に対する不払問題、課税問題等を取り上げ闘争」、第四に「日本労働組合全国協議会の他の産業別労働組合との共同闘争並農民との提携」、そして第五に「反戦の運動」であった[19]。表４-４が示すように、第一に挙げられた児童に対する教育活動は、第五に挙げられた反戦の思想に強く裏打ちされていた。

このように、左翼的農民運動と教員運動は、反戦という思想的土壌を共有しつつ展開していた。しかし、両運動の主要活動地域はほとんど重ならないのである。

表４－４　新興教育運動による児童への影響調査
（調査対象；３学級142人）

影響を受けた意識	影響を受けた児童数	
	（人）	（％）
階級意識	48	33.8
反戦意識	73	51.4
国体に関するもの	7	4.9
ロシア賛美	46	32.4
社会制度に対する反抗心	14	9.9
影響を受けた児童の合計	99	69.7
調査人員総計	142	100.0

注：複数回答のため各項目の合計と影響を受けた児童数の合計は一致しない。
出典：『秘　長野県教員左翼運動事件』長野県教育史刊行会編『長野県教育史』第14巻史料編８（1979）所収より作成。

二　二・四事件の発生と展開

事件の経緯

一九三三（昭和八）年二月四日、かねてより内偵を進めていた県特高課は、共産党系運動関係者の一斉検挙に着手した。二・四事件の始まりである。以後、約半年の間に検挙された者は六百人を超え、その内訳も共産党関係者のみならず、全協（全国労働者組合全国協議会）・全農関係者、労働者・農民・学生に及んだ。なかでも現職教員の検挙者は一三八人にも及び、それが事件報道解禁の同年九月一五日に「教員赤化事件[20]」としてセンセーショナルに報じられた原因となった。しかし、二・四事件は、①一九二八年の三・一五事件、二九年の四・一六事件に続く日本共産党に対する弾圧事件（これには、左翼的農民運動に対する弾圧を含む）であり、②教労長野支部や新興教育同盟のメンバーが主として対象となった新興教育運動弾圧事件でもあるという、二つの側面を有している。

かつて長野県で行われてきた研究では、①の側面を認識しつつも、②の側面を重視する傾向が強かった[21]。しかし、「教育労働者の闘い」を綴った『抵抗の歴史』では、性質上、教員運動弾圧事件としての二・四事件を主題としながらも、両側面を同時に把握・評価している[22]。さらに松本衛士は、事件を「たんなる教員赤化事件にとどまるもの」ではなく、「県下の社会運動を圧殺」し「県が戦争政策協力への傾斜を強める一つの契機」と捉え、両側面を踏まえたうえでの歴史的位置づけを明確にした[23]。しかし、満州農業移民との関連まで明確に踏み込んだ研究は、いまだになされていない。

さて、元教員の事件当事者は、「長野県をモデルにして徹底的にたたくというのが当時の検察庁の方針だったということをしばらくたって聞いた[24]」と証言している。しかし、当局側の意図以上に、実際の事件は広がりをみせていった。

事件の第一報では、「全農派」が記事の中心にあるが、二月二八日に禁止された事件報道が九月一五日に解禁されると「赤化教員」がセンセーショナルに報じられた。検挙開始直後、『信濃毎日新聞』は「吹けば飛ぶやうな赤化教員で、心配性の教育界、その憂うつな顔が、目に見るやうだ」と教員赤化事件としての側面を軽視していた[25]。しかし、続々と教員が検挙され、検挙地域も広汎にわたったことで、二・四事件の報道は教員赤化事件一色に染まっていった。

検挙する側の姿勢は、どのようなものであったか。長野県特高課は、第一次検挙を二月四日、第二次検挙を二月二三日、そして第三次検挙をそれに引き続いて実施した。当初から教員にも狙いを定めて検挙が実施されていたことは、二月四日に少なからぬ教員が検挙されていることからも明らかである。しかし、教員の検挙が「こんなに拡大するとは思つてゐなかった[26]」との後藤特高課長の談話が二月一一日に発表され、一三日になり長野地方裁判所検事局の徳永検事正は、山本義章警察部長と後藤特高課長を招致し、教員赤化事件の側面を重視して「このさい徹底的に一層〔ママ〕するやう[27]」山本に希望したと記者に語った。徳永の指示のもと、取り調べを強化して見通しが立ったのであろう、一六日には、教員の検挙を「今後どの程度まで手をつけるかは言明出来ない[28]」と後藤は述べ、事件のさらなる拡大を示唆している。

このような後藤の談話は、実際の検挙者数を時系列で追うことで裏づけられる（表4-5）。表4-5

表４－５　二・四事件検挙者数の推移

検挙月日	検挙実施日数	種別		計
		党同盟	教労	
1月	2	2	0	2
2．4	1	63	21	84
2．5～2．9	5	14	21	35
2.10～2.13	3	2	4	6
2.14～2.16	3	1	6	7
2.17～2.22	6	4	52	56
2.23～2.24	2	42	14	56
2.25～3．3	7	57	13	70
3．4～3.10	7	19	46	65
3.11～3.17	6	17	15	32
3.18～3.24	7	14	11	25
3.25～3.31	4	6	3	9
4月	21	29	14	43
5月	11	13	2	15
6月以降	5	10	0	10
計		293	222	515

注：1）種別は必ずしも職業と対応しない。
　　2）検挙者数には参考呼出を含む。
　　3）検挙日が不詳の者は除外した。
　　4）再検挙された者は，そのすべてを抽出した。

出典：前掲『長野県社会運動史』（昭和十四年二月現在），790-814頁，二・四事件記録刊行委員会編『抵抗の歴史――戦時下長野県における教育労働者の闘い』（1969），216-225頁より作成。

の「種別」とは、「組織複雑多岐ヲ極メ」て各種組織が交差していた状況を、県特高課が「便宜上之ヲ運動形態ニヨリ」分類したものである。[29]「党同盟」の関係は、日本共産党長野県地方委員会を最高組織として、「共青」「全協」「反帝同盟」「赤色救援会」「産業労働調査所」「全農全会」「コップ」などの組織が挙げられ、「教労」には、教労長野支部と新興教育同盟長野支部が含まれる。延べ五一五人の検挙者の内訳は、党同盟五七％、教労四三％であるが、二月四日の検挙者は、党同盟が七五％と圧倒的に多い。しかし、五日から九日までの検挙者は、教労が六〇％と増えている。徳永検事正が検挙の徹底を指示した一三日頃には小康状態に入るが、後藤特高課長が教労関係者の検挙の拡大を示唆して以降、教労関係者の検挙が激増する。第二次検挙で党同盟関係者の検挙が増えるが、第三次検挙では再び教労関係者の検挙が増えていった。そしてついには、予想外の検挙拡大により、「治安上並に教育上に及ぼす影響の大なることを虞れ中途新聞記事の掲載を禁止」[30]する事態にまで至った。

府県単位としては最大級の弾圧事件である二・四事件は、以上のように展開していったのである。

検挙者分布とその背景

検挙日が不詳の者を含んだ、事件による検挙者は六〇八人であり、そのうち参考呼出を含め、教労関係者は二三〇人である。[31] ちなみに、この参考呼出は、教員運動に関してのみ行われている。表4-3で、現住所（教員の場合は在任校所在地）を把握できる検挙者五二八人分について、職業、運動体別に分類した。全農全会派との関連があるとされた検挙者は東北信に偏っており、新興教育運動の流れで検挙された者は中南信に偏っていることを確認した。先述のように、これは両運動の浸透度合いの違いでもある。なお、参考呼出をも含めて抽出したこと、教員以外にも関係者が存在していることにより、教員と分類されている検挙者の数が先述した一三八人より多くなっている。

全農県連の活動は、恐慌による甚大な被害を背景にして、そこからの救済・回復を求めて展開しているのであるから、恐慌による打撃との相関が推測される。そこで、不況突入以前の一九二五年を基準にして、昭和恐慌直前の二九年から事件発生直前の三二年まで、すなわち運動が盛んであった時期の長野県農業の主要品目である養蚕業の一戸当たり収入額を年度別・郡市別にみると（表4-6）、埴科郡・小県《ちいさがた》郡・東筑摩郡・南安曇郡・上下伊那郡では、昭和恐慌以前の二九年は農家が比較的裕福である。二・四事件で下伊那郡の検挙者が少ないのは、それ以前の弾圧事件により、多くの活動家がすでに検挙されていたためであることはすでに述べた。このことと、表4-2および表4-3を踏まえ

表4－6　長野県養蚕農家1戸当たり繭価額の推移

（指数；1925年＝100）

地域	郡市	1925年	29年		30年		31年		32年	
		（円）	（円）		（円）		（円）		（円）	
北信	更級郡	644	485	75.3	200	31.0	185	28.7	183	28.4
	埴科郡	727	553	76.0	234	32.2	224	30.8	205	28.3
	上高井郡	659	503	76.3	203	30.8	202	30.6	199	30.2
	下高井郡	446	328	73.5	139	31.3	139	31.3	147	32.9
	上水内郡	414	346	83.7	126	30.4	145	35.0	164	39.7
	下水内郡	335	233	69.4	89	26.5	96	28.7	104	30.9
	長野市	387	342	88.4	153	39.5	166	43.0	163	42.1
東信	南佐久郡	605	429	71.0	177	29.2	165	27.3	212	35.0
	北佐久郡	684	433	63.3	178	26.0	181	26.5	186	27.2
	小県郡	891	608	68.3	247	27.7	242	27.1	235	26.3
	上田市	951	626	65.8	280	29.5	266	28.0	208	21.9
中信	西筑摩郡	516	370	71.7	141	27.3	138	26.7	155	30.1
	東筑摩郡	764	591	77.3	215	28.1	218	28.6	224	29.4
	南安曇郡	610	566	92.8	197	32.2	220	36.1	211	34.6
	北安曇郡	565	462	81.8	154	27.3	160	28.3	196	34.6
	松本市	784	540	68.9	209	26.7	230	29.4	257	32.8
南信	諏訪郡	687	496	72.2	190	27.7	201	29.3	190	27.6
	上伊那郡	755	573	76.0	230	30.4	221	29.2	203	26.9
	下伊那郡	1,050	735	70.0	321	30.6	264	25.1	244	23.2
	長野県	705	520	73.7	207	29.4	201	28.5	201	28.5

注：網かけは，各項目で中央値以上であることを示す。
出典：長野県『養蚕統計』各年版より作成。

れば、これらの地域は、左翼的農民運動が盛んであったといえる。さらに注目すべきは、小県郡や下伊那郡などに典型的に現れているように、これら地域のもっていた相対的な経済的余裕が、恐慌以降、急速に衰えていることである。したがって、農民運動の展開の背景に、不況以前の経済的余裕と恐慌による打撃が大きな要因として浮かび上がる。

他方、新興教育運動では、経済要因から運動の展開を読み解くことはできない。教員である彼らは農民の経済状況に直接の影響を受けないし、教員給の強制寄付や不払い、欠食児童といった問題から間接的に影響を受けるとしても、それは全県的な現象であるとともに全産業的な打撃の結果でもある。運動の展開時期に、恐慌は県下全域で深刻な影響をもたらした（表4-7）。教員運動が経済要因に規定されるのであれば、展開地域も経済状況に規定されるはずであるが、教員の検挙者数が多い南安曇郡は、恐慌の影響が相対的に弱い地域であり、逆に最も深刻な影響を被った地域のひとつである上高井郡では一人の検挙者も出ていない。

表4-7　長野県郡市別産業総生産価額の推移

（1929年＝100）

地域	郡市	1929年	30年	31年	32年
北信	更級郡	100.0	61.0	56.2	62.9
	埴科郡	100.0	63.9	50.8	52.3
	上高井郡	100.0	61.1	40.5	35.9
	下高井郡	100.0	64.3	57.3	63.9
	下水内郡	100.0	65.8	56.5	62.3
	上水内郡	100.0	57.4	55.5	63.7
	長野市	100.0	61.9	57.1	67.5
東信	南佐久郡	100.0	55.4	48.4	53.1
	北佐久郡	100.0	51.1	38.9	42.3
	小県郡	100.0	57.9	43.0	46.2
	上田市	100.0	68.9	59.9	69.2
中信	西筑摩郡	100.0	62.0	52.3	53.8
	東筑摩郡	100.0	58.5	48.9	50.9
	南安曇郡	100.0	60.2	50.9	52.3
	北安曇郡	100.0	60.8	45.9	48.0
	松本市	100.0	56.1	44.0	36.5
南信	諏訪郡	100.0	58.6	46.2	48.5
	上伊那郡	100.0	54.3	44.4	44.6
	下伊那郡	100.0	63.6	51.1	53.3
長野県		100.0	58.8	47.3	49.3

注：網かけは中央値以上であることを示す。
出典：『長野県統計書』各年版より作成。

続いて、一般開拓団の場合と同様に、社会運動の中心的な人物に注目してみたい。最大の検挙者を出している東信の上小地区（上田市・小県郡）では、全農県連の青柳東作や山本虎雄が活動していた。同様に、町田惣一郎（上高井郡）・若林忠一（更級郡、埴科郡五加村の小作争議を指導）[32]・三沢孫十郎（上伊那郡）ら信州郷軍同志会が「農民組合指導者ノ大立者」[33]と呼ぶ指導者がいる地域でも、全農全会派に関係するとされた検挙者が多い。かつての経済的ゆとりを恐慌によって喪失した養蚕農家の焦燥感は、こうした人物たちによって運動へと汲み取られていった。

一方、教労長野支部の場合では、拠点校である永明小学校が所在する諏訪郡で最大の検挙者を出していることが確認できる。三一年度末、「金曜会」主要メンバーのうち、河村卓が上田市上田小学校、小松俊蔵が上伊那郡伊那小学校、下條新一郎が南安曇郡豊科小学校、山田国広が諏訪郡落合小学校、柴草要が諏訪郡富士見実中学校へと、諏訪郡校長会により転任させられた。この措置が、「却つて彼等のメムバー獲得の手懸りを広汎ならしめたる結果とな」ったのであるが、(34)確かに彼らの転任先は事件の検挙者が多い地域でもある。このように、指導者の所在地のもつ意味は、一般開拓団の送出と同様に、恐慌下における社会運動の展開地域を読み解くうえで大きいといわざるをえない。

経済的要因と指導者の有無に並んで、長野県の地政学的特性もまた、運動の展開に大きな影響を与えている。急峻な山々により各地域が分断されており、近世以前から地域の独自性が強いという状況は、地域間の人的交流にも制約を与える。(35)長野県における農民・教員両運動の主要展開地域は、まったく一致していない。新興教育運動に携わった教員の証言によれば、両運動間の人的交流は、一部例外を除きほとんどなかったという。(36)中心となる人物を核にして運動が展開され、交通網に沿う形で伝播するものの、それが分断された地域を越えることは稀であった。この地政学的条件は、第二章で論じた一般開拓団送出事業の展開にも影響している。

二・四事件後の状況

全農県連に対する弾圧は、二・四事件以前にも一部地域を対象に発生していたが、二・四事件は、その集約として県下全域の全農県連に対してなされた。すでに全農県連内部では右派と左派の対立が顕在化しており運動体としての活力が失われつつあったが、そのうえで発生した二・四事件は、全農県連の終焉を決定づけた。その結果、左翼的農民運動は、事実上壊滅したのである。その後、検挙を免れた一部の運動家によって全農県連の再建が企図されるが、運動家の不足からか、みるべき成果を上げてはいない。また、二・四事件は左翼的農民運動を弾圧したものであったが、それ以後の県特高課の方針は「農民大会、村民大会等ノ大衆動員ハ絶対ニ阻止スル」[37]というものであり、運動の左右を問うことなく運動自体を弾圧するものとなった。長野県における小作争議は一九三四（昭和九）年がピークであるが、二〇〇件のうち八二件が不作を原因とするものであり、その影響は養蚕農家収入額の極端な低下として現れている。これは過度の凶作と室戸台風上陸という特殊要因によるものであり、農民運動の展開過程をみる視点では例外的なものとする必要がある。あえて付言すると、一九三四年には小作争議を全県にわたり統一的に指導しうる組織が、もはや存在していなかったのである[38]。満州農業移民事業は、こうした農村の状況下で実施されていった。

他方で教育界の状況はまったく異なる。新興教育運動は二・四事件によって壊滅したものの、信濃教育会は依然として存在していた。しかし、「教員赤化事件」という「教育県」にあるまじき「不祥事」は、同会に対する各方面からの厳しい視線を誘発し、その活動方針に影響を与えずにはおかなかった。会内の反戦思想を有する批判勢力が一掃された信濃教育会は、急速に右傾化し、やがて青少年義勇軍送出に大きな存在感を示すことになることは前章でみたとおりである。

三　社会運動と移民事業の相関

満州農業移民の展開は経済状況に左右されず、かたや農民運動の展開はそれに規定されている。したがって、満州農業移民事業は、農民運動の歴史と無関係に展開していると推定されるが、統計的にみても妥当であろうか。

まず、各郡市の送出状況と全農県連の組合員数を比較してみると、両者の間にそれほどの相関は認められない（表4-8）。本章冒頭で言及した高橋の推測を拡大解釈すれば、農民運動と満州農業移民との間には逆説的な関係がみられるはずである。しかし、半分の郡市においてそうした関係は確認できない。確かに大日向《おおひなた》村のある南佐久郡は、全農県連の組合員数こそ少ないが、全農県連が確立した地域であり（表4-2）、農民運動が盛んであった地域のひとつに数えられる。しかし、大日向村を除いたとしても南佐久郡の送出比は二八・九‰であり、なお送出が盛んであった地域といえる。郡市間の比較では、農民運動と満州移民との間に積極的な関係を見出すことはできないのである。

高橋の推定は大日向村という分村計画を策定・実施した一村落から導かれているものであり、その意味では郡市間の分析だけでは、それを充分評価したことにはならない。そこで町村単位の分析も試みてみたい。まず、長野県で分村移民団の母体となった一四ヵ村における二・四事件の「党同盟」関係者の検挙者数をみてみる（表4-9）。

二名の検挙者を出している二ヵ村のうち、富士見村の検挙者は、全協繊維の影響下とされた魚行商と共産党シンパとされた教員柴草要であり、柴草は教労や新興教育同盟メンバーとして「長野県教員赤化事件」検挙者一三八名に名を連ねている。また、川路村では、一人は全労通労関係の郵便局員、もう一人は農民だが共青（共産青年同盟）の関係者である。ほかに千代村でも農民だが共青同盟員が、上久堅村では共青関係の大工が検挙されており、泰阜《やすおか》村のみで全農全会派の農民が検挙されている。したがって確かに、分村実施村では農民運動が低調であったといえる。しかし、市部を除く「党同盟」関係者が検挙された町村は全体の二五％、分村実施村の三六％であり、分村実施村で恐慌下の社会運動全般が必ずしも低調であったわけではない。

続いて、事件の検挙者のうち、終戦時には市制に移行していた平野村（岡谷市）、飯田町・上飯田町（飯田市）、上諏訪町・豊田村・四賀村（諏訪市）の分を除き、「党同盟」と分類されている者のなかから町村部に住所を置く者二三二人を対象に、移民戸数との比較をした（表4-10）。この表では、対

表4-8　開拓団送出比と全農県連組合員数

地域	郡市	送出比（‰）	組合員（人）
北信	更級郡	11.2	225
	埴科郡	12.7	990
	上高井郡	11.3	190
	下高井郡	21.3	49
	上水内郡	8.0	120
	下水内郡	24.0	57
	長野市	3.4	0
東信	南佐久郡	39.7	36
	北佐久郡	12.9	92
	小県郡	13.7	268
	上田市	3.3	0
中信	西筑摩郡	40.6	0
	東筑摩郡	15.1	30
	南安曇郡	11.6	139
	北安曇郡	10.2	0
	松本市	5.7	0
南信	諏訪郡	19.4	0
	上伊那郡	17.4	22
	下伊那郡	45.0	115
	長野県	18.8	2,333

注：1）諏訪郡には岡谷市を含む。
　　2）網かけは中央値以上であることを示す。
出典：表2-1および表4-2より作成。

表４－９　分村移民団送出母村における二・四事件検挙者数（単位；‰，人）

開拓団名	入植式	送出母体		送出比	検挙者数
四家房大日向村開拓団	1938.02	南佐久郡	大日向村	423.0	0
富士見分村王家屯開拓団	1939.02	諏訪郡	富士見村	198.7	2
老石房川路村開拓団	1939.02	下伊那郡	川路村	147.2	2
大八浪泰阜村開拓団	1939.02	下伊那郡	泰阜村	148.9	1
公心集読書村開拓団	1939.02	西筑摩郡	読書村	151.8	0
窪丹崗千代村開拓団	1939.03	下伊那郡	千代村	120.5	1
新立屯上久堅村開拓団	1939.03	下伊那郡	上久堅村	208.5	1
羅圏河大門村開拓団	1940.02	小県郡	大門村	118.2	0
老石房川路村開拓団	1941.03	南佐久郡	海瀬村	49.4	0
南陽伊那富開拓団	1941.04	上伊那郡	伊那富村	23.1	0
旭日落合開拓団	1942.04	諏訪郡	落合村	86.4	0
蘭花楡川村開拓団	1944.03	西筑摩郡	楡川村	48.3	0
石碑嶺河野村開拓団	1944.08	下伊那郡	河野村	94.0	0
推峯御嶽郷開拓団	1945.05	西筑摩郡	三岳村	51.2	0

注：１）前掲『長野県満州開拓史』各団編で，分村移民とされている開拓団を抽出した。その際，転業移民は除いた。
２）南佐久郡海瀬村分村移民は，1941年３月と５月に川路村分村に入植した。
出典：前掲『長野県満州開拓史』名簿編，前掲『長野県満州開拓史』各団編，前掲『長野県社会運動史』（昭和十四年二月現在），790-814頁より作成。

象三七一町村を送出比が高い順に十分割し、それぞれの階級に含まれる検挙者数を割り出した。全農全会派の関係者の検挙者は、最も送出が盛んな階級で最も少なく、階級値が下がるほどに検挙者数は増加する傾向にある。これは、階級の規模を勘案しても同様にいえる。「党同盟」関係者の検挙者数もほぼ同じ傾向を示しているが、この場合、最下位階級の検挙者数が階級規模割合からすると最も低い値を示している。また、上位階級の検挙者数も少なくない。つまり、小作争議に代表される農民運動、ひいては広汎な社会運動が恐慌下に存在していても、移民事業は展開されていたのである。

このように、大日向村などの分村実施村では、恐慌下の小作争議がほとんどなかったことは重視すべき問題である。それは、「中心人物」や「中堅人物」の移民推進活動を妨げたであろう村内の対立構造が存在しなかったためという理解がなされるべきである。移民推進活動に対峙するには、反対の立場にたつ者が必要である。反帝国主義を掲げていた左翼的農民運動の活動家は、その資質があったといえる。しかし彼らは二・四事件により検挙され、表舞台からの退場を余儀なくされた。つまり、村内の対立構造は、二・四事件により長野県全域でほぼ解消・喪失したのである。したがって、二・四事件は満州農業移民を受容する土壌を、全県的に作り上げたといえる。

すなわち、満州農業移民は農民運動との連続性を断たれたところで展開されているが、それは満州農業移民の展開と恐慌下社会運動とが無関係であることを意味しない。移民の推進の障壁となる社会運動が、二・四事件により壊滅させられたがゆえに、生きるために小作争議を繰り広げた農民の意識は、「中心人物」や「中堅人物」による移民推進論を通じて満州農業移民へと向けられ、その結果として、多くの長野県民が満州農業移民に動員されていったのである。

表4-10　満州移民送出比と二・四事件検挙者数

階級値	現住戸数	検挙者数	
		党同盟	うち全農
99.4‰	22,920	11	1
36.6‰	24,509	25	12
26.0‰	25,499	20	10
19.7‰	22,651	14	5
15.8‰	28,092	17	5
12.8‰	31,573	30	14
10.4‰	31,170	39	11
7.8‰	29,487	40	24
5.3‰	30,836	23	10
2.2‰	29,246	13	7

出典：前掲『長野県満州開拓史』名簿編，前掲『長野県史』近代史料編別巻統計2，前掲『長野県社会運動史』（昭和十四年二月現在）790-814頁より作成。

四　小括

高橋泰隆が指摘するように、分村を実施した村で昭和恐慌後に大きな小作争議がなかったことは注目すべきであろう。ただそれは「分村」

を実施した村についての議論であり、数多くの「分郷」による送出をカバーするものではない。昭和恐慌後、具体的には一九三〇年代前半は、長野県においても小作争議が多発していた。したがって、その長野県が一九三〇年代後半から本格化した満州農業移民の最大送出県であったことを説明するために、小作争議がなかったことを要因として挙げることはできない。

しかし、高橋の推論は、大きな小作争議がなかったことの意味を考えたときに、示唆に富んだ指摘へと変わる。大日向村がそうであったように、「中心人物」・「中堅人物」を介した満州農業移民という国策の浸透は、彼らへの村民の信頼が前提となる。これは、彼らの実績もさることながら、彼らに対峙する抵抗力が存在しないことによって補強される。この意味で、帝国主義に反対の立場を明確にしていた左翼的運動が二・四事件によって全県的に壊滅したことは、大きな小作争議が発生しなかったことと同じ状況を、全県的に作り出したことに等しい。

二・四事件は、教員赤化事件というその一面によって、これとほぼ同じ状況を教育界にももたらした。ただ、事件を巡る信濃教育会の立場が単純ではなかったことは、改めて述べておきたい。事件で信濃教育会は、左翼的教員運動からも保守勢力からも厳しい目を向けられていた。その方向性が一般教員の意識と乖離しつつあったとはいえ、事件での徹底的弾圧によってその片方が折れたことで、信濃教育会が国策への傾斜を強めたことは、一定の理解ができる。もちろん、それが信濃教育会の責任の免罪符とはならないことも指摘しておきたい。

注

（1）大日向村のみを対象としているため、その説明には実証が乏しいものの、畠山次郎は、農民運動と満州移民事業の関連づけの必要を明言している（畠山次郎『実説大日向村――その歴史と民俗』郷土出版社、一九八二、五二頁）。
（2）長野県歴史教育者協議会編『満蒙開拓青少年義勇軍と信濃教育会』（大月書店、二〇〇〇）。
（3）満州開拓史復刊委員会企画編集『満州開拓史』増補再版（全国拓友協議会、一九八〇）、二二九頁。
（4）高橋泰隆「日本ファシズムと満州分村移民の展開」満州移民史研究会編『日本帝国主義下の満州移民』（龍溪書舎、一九七六）、三八一―三八二頁。
（5）安田常雄『日本ファシズムと民衆運動』（れんが書房新社、一九七九）、四三一頁。
（6）前掲『日本ファシズムと民衆運動』、四二〇頁。
（7）長野県の農村運動については多くの研究がある。本書ではおもに、前掲『日本ファシズムと民衆運動』、青木恵一郎『長野県社会運動史』（社会運動史刊行会、一九五二）、大江志乃夫編『日本ファシズムの形成と農村』（校倉書房、一九七八）、西田美昭編著『昭和恐慌下の農村社会運動――養蚕地における展開と帰結』（御茶の水書房、一九七八）を参照している。
（8）前掲『長野県社会運動史』、三二六頁。
（9）前掲『日本ファシズムと民衆運動』、二六〇―二六一頁。
（10）長野県特高課『長野県社会運動史』（昭和十四年二月現在）、京都大学人文科学研究所所蔵、五五四頁。
（11）安田は上伊那地区を中信と分類しているが（前掲『日本ファシズムと民衆運動』、二五九頁）、上伊那郡は南信に属する。
（12）三・一五事件と四・一六事件は、ともに日本共産党に対する弾圧事件。一九二八年二月の総選挙に際して当時非合法組織であった共産党が公然と大衆活動をはじめたため、政府は同年三月一五日に党関係者千数百名を一斉に検挙した（三・一五事件）。しかし少なくない数の幹部がこれを免れたため、翌年四月一六日の一斉検挙（四・一六事件）まで断続して検挙が行われた。この両事件を総称して、第二次共産党事件ともいう。
(13) 信州郷軍同志会『極秘　長野県赤化運動ノ全貌並ニ調査表』（一九三三年七月）、飯田市立図書館所蔵、一九頁。
(14) 前掲『日本ファシズムと民衆運動』、二五九-二六〇頁。
(15) 林宥一「世界大恐慌から戦時体制へ」暉峻衆三編『日本農業一〇〇年のあゆみ』（有斐閣、一九九六）、一七二頁。
(16) 前掲『長野県社会運動史』（昭和十四年二月現在）、五五七-五五八頁。
(17) 例えば長野県と同じように「教育県」を自負していた山形県教育会には自主化運動はみられない。信濃教育会やその下部組織では、一九一〇年前後から教育経験者を選挙で役員に選出するようになっていった。総理（後に会長）に県知事・会長に県視学官（後に内務部長）を据えた山形県教育会が、一九一三年に官制的に編成を再確認していたこととは対照的である。
(18) 二・四事件記録刊行委員会編『抵抗の歴史――戦時下長野県における教育労働者の闘い』（労働旬報社、一九六九）、一〇二頁。教労長野支部責任者であった藤原晃による証言と推定される。
(19)「長野県小学校教員赤化事件概況」『特高月報』一九三三年六月分（内務省警保局保安課、一九三三）、一三一頁。
(20) 教員赤化事件と呼ばれる事件は、一九二九～三三年の間に全国一道三府三六県で事件数九九件、検挙者数七〇〇余名、休退職者数約五〇〇名にも及ぶ。
(21) 前掲『長野県社会運動史』、長野県『長野県政史』第二巻（長野県、一九七二）、長野県教育史刊行会編『長野県教育史』第三巻（長野県教育史刊行会、一九八三）などである。
(22) 前掲『抵抗の歴史――戦時下長野県における教育労働者の闘い』、二一三・二五八頁。
(23) 長野県『長野県史』通史編第九巻近代三（長野県史刊行会、一九九〇）、三二一-三二五頁。この記述の基礎となっているのが、松本衛士「二・四事件と「非常時」体制」（治安維持法犠牲者国家賠償要求同盟長野

県本部編『治安維持法と長野県』治安維持法犠牲者国家賠償要求同盟長野県本部、一九八八）である。
(24) 前掲『抵抗の歴史――戦時下長野県における教育労働者の闘い』、二五八頁。
(25)『信濃毎日新聞』一九三三年二月八日。
(26)『信濃毎日新聞』一九三三年二月一一日。
(27)『信濃毎日新聞』一九三三年二月一四日。
(28)『信濃毎日新聞』一九三三年二月一六日。
(29) 前掲『長野県社会運動史』（昭和十四年二月現在）、五九〇頁。
(30)『信濃毎日新聞』号外、一九三三年九月一五日。
(31) 前掲『長野県社会運動史』（昭和十四年二月現在）、治安維持法犠牲者国家賠償要求同盟長野県本部編『治安維持法と長野県』（治安維持法犠牲者国家賠償要求同盟長野県本部、一九八八）、一六七頁。
(32) 更級・埴科両郡は地域同一性が強く、総じて更埴と称する。更級出身の若林が埴科の小作争議を指導したことは自然のことであった。
(33) 前掲『極秘　長野県赤化運動ノ全貌並ニ調査表』、一九-二〇頁。ここでは町田を下高井郡の人物としているが、上高井郡須坂町の人物である。
(34) 前掲「長野県小学校教員赤化事件概況」、一二六頁。教労長野支部中信地区責任者となった西村億重は、このとき南安曇郡に転任した下條新一郎に郡教育会で声を掛けられ運動に加わったという（前掲『抵抗の歴史――戦時下長野県における教育労働者の闘い』、六五頁）。また、この校長会の措置が「赤化教員」拡大の要因であることは、同時代の官権側の記録に共通して分析されている。『特高月報』以外で、そのおもなものを挙げれば、前掲『長野県社会運動史』（昭和十四年二月現在）、長野県学務部「長野県教員左翼運動事件」（前掲『抵抗の歴史――戦時下長野県における教育労働者の闘い』所収）、『長野県教員左翼運動事件概要』（一九三三、飯田市立中央図書館所蔵）などである。
(35) 長野県を分析する場合、地域間の分断は重要な意味をもっている。信濃教育会は全県的組織となる段階でその対応に追われ、長野県歌「信濃の国」はそうしたなかで信濃教育会により作り出された。この問題は、県政の面でも県庁移転・分県運動として現れている。

(36) 前掲『抵抗の歴史――戦時下長野県における教育労働者の闘い』、一〇七―一〇八頁。この点は安田も指摘するところだが(前掲『日本ファシズムと民衆運動』、五六四頁)、基となる藤原晃の証言を岩田健治のものとして誤って紹介している。

(37) 「公文編冊　事務引継書　昭和十年」長野県『長野県史』近代史料編第八巻(長野県史刊行会、一九八四)。

(38) 二・四事件以後の長野県における農民運動については、安田常雄が『日本ファシズムと民衆運動』に補論として簡単にまとめている。そのなかで安田は、一九三四年の小作運動のピークについて、「このかつてない規模の農民の不満に表現を与え組織し指導しうる組織的運動主体は不在であった」と述べている(四七三頁)。

おわりに

本書は、長野県を事例として、国民がなにゆえ満州農業移民事業に動員され、日本帝国主義の大陸侵略の一翼を担わされたのかを考察することを目的にしていた。最後に、「はじめに」で設定した課題に沿ってまとめてみたい。

第一の課題は、重層的な分析により一般開拓団送出における経済要因の再検討を行うことであった。送出分布と経済統計の整合性について、郡市間および郡内町村間の経済情勢を横断的に比較した結果、送出分布と経済指標の間に、強い因果関係を確認することはできなかった。郡市間分析の結果を踏まえた経済主因仮説①「零細農家が少なくかつ養蚕農家の家計水準が高い場合には移民が多く送出される」は、町村間分析を通じて完全に棄却された。また、町村間分析により浮上した経済主因仮説②「耕地が狭小であること」と経済主因仮説③「養蚕農家の家計が高水準であること」は、高送出町村の傾向を表すのみであり、仮説に合致する低送出町村の少なからぬ存在や仮説に合致しない高送出町村の存在を踏まえれば、これらが送出の必要条件でも十分条件でもないことは明白である。つまり、一般的に窮乏を送出の主因とする認識は誤りであるどころか、送出状況を合理的に説明しうる経済類型は存在せず、満州農業移民の送出は、経済的な要因で大きく左右されはしないことがわかった。

これは、内地・拓務省側が求めた、世界恐慌の影響で一九三〇年以降深刻化した農村不況（昭和恐慌）の救済策としての満州農業移民事業の一側面が、その実施段階において必要とされなくなっていたことに関係する。戦前の農村は、産業革命や大戦ブームなどによって拡大を続けていた日本資本主義にとって、労働力の供給地であった。これが日本の近代化を支えていたが、恐慌により都市部の労働力需要が縮小したために、農村は過剰な労働力を抱え込むことになった。また、日本の地主的土地所有の底辺をなす小地主層は、小作地を取り上げることで恐慌の危機を乗り切ろうとした。小作人は困窮に追い込まれ、小作争議が頻発するなど、農村の社会不安は深刻化した。満州農業移民事業は、余剰農家を満州へ送り出すことで、農村の土地飢餓問題を解決し、これによって社会不安の解消を意図していた。

しかし、農村の窮乏は一九三六年頃から好転しはじめていた。軍需工業の発展で農家の就業機会が増えたことやインフレーションの進行により農家が抱えていた負債が実質的に軽減されたためである。この傾向は、「二十ヵ年百万戸送出計画」の実現に向けた第一期五ヵ年の間に一層顕著になっていった。戦線の拡大と戦況の深刻化により農作物の増産が要請され、一方では徴兵・徴用が相次いでいたので、農村は一転して労働力不足に陥った。ここにおいて、窮乏や耕地不足を背景とした満州農業移民の経済的必然性は、完全に失われたのである。

また、経済更生策としての満州農業移民が、当初から矛盾を抱えていたことも見逃せない。貧農層送出後に地主的土地所有を解体して土地の再分配を行うのであれば問題ないが、満州農業移民事業がそこまで踏み込むことはなかった。したがって、貧農層を送り出したところで母村の可処分耕地はさほど増加せず、更生の効果は非常に限定されることとなる。可処分耕地を増やすには中上農層の送出が必要になるが、これには送出される側の大きな抵抗をともない、移民実現の見込みが薄くなる。すなわち、満州農業移民事業は、経済更生的な目的では展開しえない性質をもっていたのである。

第二の課題は、「中心人物」と「中堅人物」が移民送出に果たした役割の評価であった。

南佐久郡大日向村や県下最大の送出地域であった下伊那郡の移民事業の展開を分析すると、中心人物・中堅人物のありようが移民送出の重要な要因であることは、もはや疑う余地もない。彼らが送出の重要な要因となった背景のひとつは彼らの個人的資質、すなわち人望である。その代表的な例が大日向村の開拓団長堀川清躬である。「貧困層のエース」であった堀川が開拓団長に選ばれたことが、大日向村民の渡満の動機になったことは注目すべき事柄である。さらに大日向村長であった浅川武麿も村政混乱時に東京から呼び寄せられ、そののち経済更生運動を通じて村政に指導力を発揮していた。貧困層出身の堀川と村内名望家である浅川がともに満州農業移民事業の指導的役割を任じたことは、村民一丸の移民事業の展開を可能にした。このように、移民の積極的推進者が名望家層と貧困層を包摂することで挙村的な移民事業を推進した例は、諏訪郡富士見村においても確認できる。

中心人物たちが送出の重要な要因となったもうひとつの背景は、移民の実施段階において、その重要性が彼らの間に強く認識されていたことである。下伊那郡町村長会は満州視察の結果、移民団をまとめ上げる人物が移民成功の鍵をにぎると認識するに至った。下伊那郡で多くの分村・分郷計画が実施されたのは、町村長会による視察報告書がまとめられたのちのことであった。移民の推進主体であった「中心人物」や「中堅人物」は、経済更生運動を通じて準備された。長野県で中心人物の存在を要件としていた更生運動が最も盛んであったことは、県内各町村に多数の中心人物が存在していたことを意味している。このことは、長野県が最大の満州移民送出県になったことと無縁ではないだろう。

満州農業移民の送出地域を示した分布図は、移民が中心人物の存在を軸に展開されていたことを裏づける。分村を積極的に実施した町村を中心にして、「彼（あの村）が行くのなら自分も」とか、満州行きの「バスに乗りおくれまい」という一種の競争心理が、地縁的結合関係を背景として、さながらドミノ倒しの如く近隣町村へと伝播・展開しているのである（「バスの論理」）。この論理は、「中心人物」に作用することもあるし、村民一般に直接作用する場合もある。後者になると場合によっては、下伊那郡大下條村で佐々木忠綱村長の分村反対の姿勢に反して村民が隣村である泰阜村の分村に参加したように、当該村における中心人物のありよう以上に、移民の送出分布に強い影響を与えている。

第三の課題は、青少年義勇軍の送出背景の分析であった。

青少年義勇軍の送出分布は、一般開拓団以上に経済状況に左右されていない。長野県の送出においては、募集対象の人口をもとに、経済事情に対する多少の配慮はあるものの、ほぼ機械的に送出目標が割り当てられた。したがって、義勇軍送出の最大の要因は、割当算定に関与した行政や信濃教育会と、義勇軍勧誘の当事者である教員に求められる。言い換えれば、一般開拓団送出において「中心人物」や「中堅人物」が担った役割を、義勇軍送出においては信濃教育会と教員が担ったのである。

義勇隊員の応募動機の大半は教員による指導であり、教員たちは意図的に農家の二三男を主たる対象として勧誘にあたった。青少年義勇軍が盛んに送り出された移民崩壊期には、満州農業移民の経済的な必然性は完全に失われていた。二三男送出は、耕地不足問題の解消という満州農業移民に関わる経済政策の理念に則したものではなく、子供を満州へ送り出すことに反対する両親、とりわけ母親に対して、強く勧誘することから生じる後ろめたさを少しでも和らげようとした教員の姿勢を映しているに過ぎない。

一方、青少年義勇軍送出事業の中核を担った信濃教育会の関与には二つの背景があった。ひとつは、信濃教育会が伝統的に会是としていた「海外発展」思想である。この思想は、日清戦争、日露戦争、第一次世界大戦と、日本帝国主義の大陸侵略の進展に並行して次第に国策追従的な色彩を強め、満州事変以降は、「発展」先を満州に定めて移植民研究を行った。もうひとつの背景が、その満州への移植民研究に着手しはじめた時期に起こった「教員赤化事件」としての二・四事件である。帝国議会での審議、県会や機関誌などで繰り広げられた中原謹司を代表とする地域右翼からの責任追及に直面したことにより、信濃教育会は会を挙げての対策に乗り出していった。国体に相容れない「赤化事件」の対策には、国策追従路線を明確に打ち出す必要がある。信濃教育会は、事件以前の「信州教育五大宣言」を事件対策のなかで「思想事件に対する宣言」として再定義したが、これは信濃教育会の活動を国策に沿ったものとして自縛したものにほかならない。満州研究に時期的にも人的にも重なる事件対策は、信濃教育会が満州移民事業へ積極的に関与する方向性を与えたのである。「赤化事件」対策は「海外発展」思想と融合し、送出に必要な「移民熱」を燃え上がらせることを余儀なくした。こうした行動規範を有するに至った信濃教育会が事業の中核をなしたことにより、長野県では、全国的な割当数を上回る目標を設定し、全国一の義勇軍送出県となったのである。また、「移民熱」の熱源たる信濃教育会が全県組織であったことが、一般開拓団の送出分布の偏差をもたらした「バスの論理」の作用を妨げ、地域偏差の小さい青少年義勇軍の送出分布をつくりあげたといえよう。

第四の課題は、本格的送出が始まる直前の一九三〇年代前半における社会運動の展開が、満州農業移民の送出に与えた影響についての考察であった。

長野県の社会運動に対する最大の弾圧事件であった二・四事件は、その後の移民事業にも影響を及ぼしたと考えられる。全県的な国策追従的風潮は、事件によって促進され固定化された。左翼的農民運動も自主的教員運動も弾圧され、農村救済請願運動や経済更生運動のような国策的運動のみ許容される状況が全県的に作り出されたといえる。村内の政治的対立が組織的な形で存在しないという状況は、高橋泰隆による大日向分村の研究において注目されていた構造であるが、こうした構造は事件によって県下全域で共有されるに至った。二・四事件は長野県が最大の送出県となるうえで、多数の「中心人物」・「中堅人物」を作り上げた経済更生運動と並んで、重要な歴史的前提となっている。

大日向村を例にとれば、社会運動の未展開地域に満州農業移民事業が盛んに展開されることになる。しかし、二・四事件による検挙者数をもとに考察する限りにおいて、分村実施村で恐慌下の社会運動全般が必ずしも低調であったわけではない。小作争議に代表される農民運動、ひいては広汎な社会運動が恐慌下に存在していても、満州農業移民事業は展開されている。これはすなわち、二・四事件による社会運動の徹底的な弾圧が、大日向村のような村内構造を全県的に作り出したことによって、恐慌下の社会運動の存否にかかわらず満州農業移民事業の展開が可能となったことを裏づける。

満州農業移民の展開は経済状況に左右されないが、農民運動の展開はそれに規定されている。しかし、それは満州農業移民の展開と恐慌下農民運動とが無関係であることを意味しない。移民の推進の障壁となる農民運動が二・四事件により壊滅させられたがゆえに、生きるために小作争議を繰り広げた農民の意識は、「中心人物」や「中堅人物」による移民推進論を通じて満州農業移民へと向けられ、その結果として、多くの長野県民が満州農業移民に動員されたのである。

また、地縁的結合関係が運動の展開地域に大きな影響を及ぼすことは、恐慌下の社会運動と満州農業移民事業に共通している。左派農民運動にしても新興教育運動にしても、活動家の所在地を中心にして、そこから地理的に連絡されている地域に運動が伝播している。両運動がともに恐慌を背景にしつつも展開地域をまったく異にしていることは、地理的分断傾向の強い長野県にとって、中心人物の存在が運動の展開上、非常に重要であったことを浮き彫りにしている。その意味においても、満州農業移民事業での中心人物の存在は、長野県にとって重要だったのである。

以上から、長野県の満州農業移民送出における民衆動員の背景をまとめてみたい。

経済更生策としての必然性が早くから失われていたにもかかわらず、満州農業移民事業が敗戦に至るまで展開し続けたのは、移民事業のもつもうひとつの側面である大陸政策上の必要性のためであった。これは、「中心人物」や「中堅人物」など移民推進論者によって宣伝されたが、広く民衆一般に共有されていることでもあった。大陸侵略の過程で多くの血が満州に流れ、満州を「生命線」と認識していったことにより、民衆は満州侵略を正当化・必然化させていた。移民推進論者に限らず、民衆自身にも大陸政策としての満州農業移民事業に参加する素地があったのである。そうした民衆の満州意識を鼓舞し、青少年も含む民衆を移民へと駆り立てたのが中心人物たちである。彼らの活動は、社会運動弾圧によって作り出された政治的な無風状態という社会構造を背景にしていた。こうして民衆は否応なしに国策に動員され、その動員には地縁的結合関係を背景にした「バスの論理」が大きく作用したのである。

社会運動の隆盛と恐慌による経済への打撃は、近代の長野県の一大特徴であるが、このことは有形無形に、満州農業移民に影響を及ぼしている。このように考えると満州農業移民とは、社会運動や恐慌に揺り動かされてきた長野県近代史の総決算であった。

しかし、現代に至ってもなお、満州農業移民の歴史は終焉を迎えていない。移民事業を含む歴史認識はいまだに定まっておらず、残留邦人にからむ諸問題も解決していない。

最後に、本書が残した課題を整理する。

送出分布と経済状況の因果関係を分析する際に用いた経済指標は、農家一戸当たりの耕地面積と養蚕農家一戸当たりの繭価額のみである。本文でも述べたように、これらは長野県の経済構造や移民事業に求められた内容から判断すると最も重要な指標であるが、満州農業移民に関連する、あるいは関連がありそうな経済指標はこの限りに留まらない。各町村の税収状況、農家の抱えていた負債などがそうした指標として挙げられる。横断分析をするためには指標が全県的に整っていることが求められ、資料上の制約はそれだけ厳しくなるが、経済指標の充実は今後も課題とするべきであろう。

経済更生運動という官製国民運動については、本書においても満州農業移民の送出のなかでの位置づけを明確にした。しかし、その戦時的継承ともいえる一九四三年頃からはじまった皇国農村確立運動については言及できなかった。下伊那郡（河野村）において、皇国農村確立運動による満州農業移民の送出事例が確認されている。[1]この運動を、そして満州農業移民送出に消極的だった河野村村長の胡桃澤盛《くるみざわもり》を、本書の論旨にどう組み込むことができるのか、稿を改めて考えてみたい。

恐慌下の社会運動との関連を考究したことは、本書の特徴のひとつであるにもかかわらず、それは計量的な把握や史的展開など状況証拠に基づいており、推測の域を出ているとはいえない。運動に携わった人びとが移民事業展開のなかで何をしていたのか実証していく作業が必要である。本文では、新興教育運動に参加した小林済が、義勇隊幹部候補生として信濃教育会より推挙されていることを述べたのみである。小林が推挙された事情を追究するとともに、ほかの個別事例も探究していきたいと考える。この点で、新興教育同盟および教労のメンバーであった川上潔について、子息の川上徹が語ってくれている。[2]それによれば、川上潔は教労のメンバーであったにもかかわらず、信濃教育会に対して一定の愛着を感じ、存在の必要性も感じていたというのである。また、実現しなかったものの川上潔は満州へ行こうとしていたそうであり、これも興味深い証言である。

本書は、最大の移民送出県であった長野県を考察対象にしているが、最大であるがゆえに典型的な満州農業移民の姿を描けると同時に、最大であるがゆえに特殊な事例でもある。他府県の事例も視野に入れた、総括的な分析が必要である。

満州農業移民の戦後期についての実証研究は、森武麿らによりようやく進んできているのが現状である。ここには、残留邦人の帰国・定着問題という、今日的な課題も含まれている。

日本史という一国史の枠組みを超えた満州農業移民史の構築もまた、今日的な課題である。東アジア世界に共通する歴史経験である満州農業移民を、共有されうる歴史観に基づいて描いてこそ、ボーダレス化と地域統合が進んでいる時代の要請にかなうことになる。もちろんこれは、日本・朝鮮半島・中国大陸いずれかの歴史観に、むやみに迎合することを意味しているのではない。ましてや、他地域では受け入れられようもない歴史観を構築するのは、時代の流れに明らかに逆行している。

満州農業移民の全体像を描くには、時系列という点でも、地域的な広がりという点でも、まだまだ乗り越えねばならない山が多く残っている。

注

（1）河野村における皇国農村確立運動や満州農業移民については、最新の研究として、齊藤俊江「解題」「胡桃澤盛日記」刊行会編・飯田市歴史研究所監修『胡桃澤盛日記』第五巻（「胡桃澤盛日記」刊行会、二〇一三）および坂口正彦『近現代日本の村と政策――長野県下伊那地方 一九一〇～六〇年代』（日本経済評論社、二〇一四）が挙げられる。

（2）川上徹ご夫妻に対する筆者聞き取り（二〇〇二年一一月七日、金沢市都ホテルにおいて）。

あとがき

本書をまとめるにあたり、二〇一〇―二〇一二年度科学研究費・若手（B）「農村における満州移民事業の経済的影響に関する分析」による研究成果を取り入れた。また出版にあたっては、金沢大学の人文社会科学系学術図書出版助成の交付をうけ、世界思想社編集部の方々にお世話になった。遅筆きわまりない筆者に辛抱強く付き合ってくださり、月並みなお礼の言葉では謝意を表しきれないほどである。

本書の完成に至るまで、さまざまな方のご指導をうけ、資料を提供していただいた。数え上げればきりがないほどで、自分がいかに多くの人々に支えられてきたのか、改めて深く感謝するとともに、本書がそれに応えるものとなっているかどうか、身が竦む思いである。お世話になったすべての方々のお名前を記すことのできない失礼をお詫びしつつ、今後のさらなる研究の積み重ねをもって謝辞に代えさせていただきたい。

ただ、三人の先生方だけは、ここでお名前をあげることをお許しいただきたい。

筆者にとって、学部学生ならびに大学院修士時代のゼミの指導教官であり、研究者への道を示してくださったのは林宥一先生である。林先生には、学業のみならず、私生活の面でも多くのご助言をいただいた。そのこともあって、結婚後、長子の名前には、勝手に先生のお名前から一字分の「ユウ」の音を拝借することに決めていた。命名後にそれを知った先生がどのように反応されるか、秘かに楽しみにしていた。ところが、いよいよ長子誕生の二ヵ月前、林先生急逝の一報を受け取ることになったのである。そのときの衝撃と盛夏の葬礼は、いまも忘れられない。

林先生を失い、途方に暮れていた私たちゼミ生を受け入れ、修士論文の指導を引き継いでくださったのが橋本哲哉先生である。同じ日本近現代史専門の橋本先生と林先生は、多くの仕事を共同で完成され、橋本先生にとって林先生を亡くされた悲しみは私たちの比ではなかったと思うが、ゼミでは、そのような感傷を排して、私たちをご丁寧に、また厳しく指導してくださった。本書の執筆中も、当時と変わらぬ学問的刺激を与えていただき、多大なご助言を賜わった。

橋本先生が金沢大学副学長になられ、教育現場を離れられたのち、博士課程で筆者の指導を引き継いでくださったのが、東京大学定年退職後、金沢大学に赴任された西田美昭先生である。西田先生には、研究者に必要な、実に多くのことを教えていただいた。本書のもとになった博士学位論文は、西田先生の厳しくも温かいご指導のもとで執筆したものである。また橋本先生は、ご多忙にもかかわらずときおり西田ゼミに顔をみせられ、そのときは指導教員二名に院生一名という、筆者にとってまことに贅沢な（そして、実に苛酷な）ゼミになった。残念でならないのは、その西田先生もすでに亡くなられてしまったことだ。

もし、林先生、西田先生がお元気であったなら、本書をいかに評されたであろうか。本書になお残るいたらないところは、三人の先生方のご指導を充分に己のものとなしえなかった筆者の不才が反映した結果としかいいようがない。

いまこの「あとがき」は、林先生、次いで西田先生が使われ、筆者が両先生から指導を受けた金沢大学の教員研究室で書いている。研究室のレイアウトは、その頃とほとんど変わっていない。ふと目を上げると、すでに鬼籍に入られたお二人がそれぞれにこの部屋の主であった頃を、お二人から指導を受けていた自分の姿を思い出す。

筆者の処女作である本書を謹んで林先生、橋本先生、西田先生に捧げたい。

二〇一五年一月

小林信介

1976
玉真之介「「満洲移民」から「満蒙開拓」へ――日中戦争開始後の日満農政一体化について」『弘前大学経済研究』19, 1996
――――「総力戦下の「ブロック内食糧自給構想」と満洲農業移民」『歴史学研究』729, 1999
細谷亨「「満洲」農業移民の社会的基盤と家族――長野県下伊那郡川路村を事例に」『飯田市歴史研究所年報』５, 2007
――――「戦時期における日本人「満洲開拓民」の経営・生活と意識――山形県高松村送出「阿城高柴開拓団」を事例として」『日本史研究』566, 2009
松本衛士「二・四事件と「非常時」体制」治安維持法犠牲者国家賠償要求同盟長野県本部編『治安維持法と長野県』（治安維持法犠牲者国家賠償要求同盟長野県本部, 1988）
松本武祝「満州移民と分村事業」日本村落史講座編集委員会編『日本村落史講座』第５巻（雄山閣, 1990）
三原容子「山形県庄内地方の産業組合運動と満州移民送出運動の思想――皇国農民団を中心に」（『東北公営文化大学総合研究論集』18, 2010）
本島和人「人口移動からみた飯田下伊那の一五〇年」『飯田市歴史研究所年報』６, 2008
森武麿「満州移民――帝国の裾野」歴史科学協議会編『歴史が動く時――人間とその時代』（青木書店, 2001）
――――「日本近代農民運動と農村中堅人物」『一橋経済学』1-1, 2006
山田昭次「植民地」朝尾直弘ほか編『岩波講座　日本通史』第18巻（岩波書店, 1994）

2012
今井良一「「満州」農業移民の経営と生活——第一次移民団「弥栄村」を事例として」『土地制度史学』173，2001
————「戦時下における「満州」分村開拓団の経営および生活実態長野県泰阜分村第8次大八浪開拓団を事例として」『村落社会研究』12-1，2005
遠藤三郎「農村経済更生と分村計画」永雄策郎編『満洲農業移民十講』（地人書館，1938）
大門正克「名望家秩序の変貌——転換期における農村社会」坂野潤治ほか編『日本近現代史　構造と変動3　現代社会への転形』（岩波書店，1993）
岡部牧夫「満州農業移民政策の展開——長野県を例にして」藤原彰・野沢豊編『日本ファシズムと東アジア』（青木書店，1977）
小都晶子「日本人移民政策と「満洲国」政府の制度的対応——拓政司，開拓総局の設置を中心に」『アジア経済』47-4，2006
大日方悦夫「「満州」分村移民を拒否した村長」歴史教育者協議会編『語りつぐ戦中・戦後1　近衛兵反乱セリ』（労働旬報社，1995）
金谷吉雄「満蒙開拓青少年義勇軍」野添憲治・簾内敬司編『戦争のなかの教師たち——秋田の太平洋戦史2』（秋田書房，1978）
小林信介「書評『満州移民——飯田下伊那からのメッセージ』」『人民の歴史学』177，2008
————「信濃教育会による満蒙開拓青少年義勇軍送出背景の検証（上）」『信濃』61-7，2009
————「信濃教育会による満蒙開拓青少年義勇軍送出背景の検証（下）」『信濃』61-8，2009
————「満州移民送出における経済的要因の再検討——長野県を事例にして」『金沢大学経済論集』29-2，2009
齊藤俊江「解題」「胡桃澤盛日記」刊行会編・飯田市歴史研究所監修『胡桃澤盛日記』第5巻，「胡桃澤盛日記」刊行会，2013
白取道博「「満蒙開拓青少年義勇軍」の創設過程」『北海道大学教育学部紀要』45，1984
————「「満蒙開拓青少年義勇軍」の変容（1938〜1941年）——「郷土部隊編成」導入の意義」『北海道大学教育学部紀要』54，1990
高橋泰隆「日本ファシズムと「満州」農業移民」『土地制度史学』18-3，

下伊那郡町村長会『満洲農業移民地視察報告書』（昭和十三年七月）（国立国会図書館近代デジタルライブラリーにて閲覧可能，1938）
信州郷軍同志会『極秘　長野県赤化運動ノ全貌並ニ調査表』（飯田市立中央図書館所蔵，1933）
拓務省拓北局青年課「昭和十六年度第一次入所青少年義勇軍身上調書一覧表」（下伊那教育会所蔵）
千代村役場『移殖民関係綴』（昭和十三年一月）（飯田市千代支所所蔵）
長野県『米統計』
────『養蚕統計』
長野県職業課拓務係「昭和十五年度第一次入所青少年義勇軍中身上調書」（下伊那教育会所蔵）
長野県特高課『長野県社会運動史』（昭和十四年二月現在）（京都大学人文科学研究所所蔵）
富士見村『経済更生計画』（富士見町木の間地区所有）
「移植民教育ニ関スル研究委員会誌」（信濃教育会所蔵）
『自昭和十三年度至昭和十五年度満州開拓農民及青少年満蒙開拓青少年義勇軍綴』（飯田市三穂支所所蔵）
『昭和十年度上郷村村税特別税戸数割各人納額議決書』（飯田市歴史研究所所蔵）
『長野県教員左翼運動事件概要』（飯田市立中央図書館所蔵，1933）
「長野県小学校教員，長崎地方裁判所職員ノ治安維持法違反事件ニ付キ報告ノ件」第64回帝国議会衆議院本会議議事録（国立国会図書館憲政資料室所蔵）
『長野県統計書』
「中原謹司文書」（国立国会図書館憲政資料室所蔵）
『山形県史』拓殖編（1971）

4．論文（学会誌や論文集など）

安孫子麟「「満州」分村移民と村落の変質」東敏雄・丹野清秋編『近代日本社会発展史論』（ぺりかん社，1988）
────「戦時下の満州移民と日本の農村」『村落社会研究』5-1，1998
池上甲一「「満州」分村移民の論理と背景──長野県大日向村の事例研究」『村落社会研究』1-2，1995
伊藤淳史「戦時・戦後日本農民政策史研究の論点と課題」『歴史学研究』897,

満州開拓史復刊委員会企画編集『満州開拓史』増補再版（全国拓友協議会，1980）
満洲泰阜分村一七〇年の歴史と記憶編集委員会編『満洲泰阜分村——七〇年の歴史と記憶』（泰阜村，2007）
満蒙開拓を語りつぐ会編『下伊那のなかの満洲』第1集（飯田市地域史研究事業準備室，2003）
————編『下伊那のなかの満洲』第2集-第10集（飯田市歴史研究所，2004-12）
————編『下伊那のなかの満洲』別冊記録集（満蒙開拓を語りつぐ会，2012）
南佐久農民運動史刊行会編『南佐久農民運動史（戦前編）』（南佐久農民運動史刊行会，1983）
峰毅『中国に継承された「満洲国」の産業——化学工業を中心にみた継承の実態』（御茶の水書房，2009）
森武麿編『戦後開拓一長野県下伊那郡増野原——オーラルヒストリーからのアプローチ』神奈川大学歴史民俗調査報告第16集（神奈川大学大学院歴史民俗資料学研究科，2013）
安田常雄『日本ファシズムと民衆運動』（れんが書房新社，1979）
山田昭次編『近代民衆の記録6　満州移民』（新人物往来社，1978）
山本有造編『満洲——追憶と歴史』（京都大学学術出版会，2007）
和田登『旧満州開拓団の戦後』（岩波ブックレット，1993）
『昭和国勢総攬』上巻（東洋経済新報社，1980）
『満州移民関係資料集成』第1期，全40巻・別冊1（不二出版，1990-1992）
『満蒙開拓青少年義勇軍関係資料』全10巻（不二出版，1993）

3．県史等資料

上郷村『上郷村経済更生改善計画書』（飯田市歴史研究所所蔵，1933）
塩沢栄三「伊那思想史稿」（飯田市立中央図書館蔵）
信濃教育会「時局に関する宣言並思想事件に就ての対策」（信濃教育会所蔵，1933）
————『満洲視察報告書』（飯田市歴史研究所所蔵，1933）
下伊那郡「戦時満洲開拓実施計画」『満州開拓一件』（昭和十八年十一月）（飯田市三穂支所所蔵）

1975）
――――編『長野県教育史』第 14 巻史料編 8（長野県教育史刊行会，1979）
――――編『長野県教育史』第 3 巻（長野県教育史刊行会，1983）
長野県経済部『満州分村を語る』（1940）
長野県現代史研究会編『戦争と民衆の現代史』（現代史料出版，2005）
長野県更生協会『大日向村分村計画の解説』（1938）
長野県下伊那郡青年団史編纂委員会編『下伊那青年運動史――長野県下伊那郡青年団の五十年』（国土社，1960）
長野県拓務課『新らしき村を訪ねて』（長野県拓務課，1942）
長野県歴史教育者協議会編『満蒙開拓青少年義勇軍と信濃教育会』（大月書店，2000）
――――編『中国の人々から見た「満州開拓」「青少年義勇軍」』（長野県歴史教育者協議会，2007）
中野光『大正自由教育の研究』（黎明書房，1968）
中山林圃編『富士見分村満洲開拓誌』（富士見村拓友会，1954）
成田龍一『「戦争経験」の戦後史――語られた体験／証言／記憶』（岩波書店，2010）
西田美昭編著『昭和恐慌下の農村社会運動――養蚕地における展開と帰結』（御茶の水書房，1978）
西田美昭・アン・ワズオ編『20 世紀日本の農民と農村』（東京大学出版会，2006）
二・四事件記録刊行委員会編『抵抗の歴史――戦時下長野県における教育労働者の闘い』（労働旬報社，1969）
野添憲治監修，NHK 長野放送局編『満蒙開拓の手記――長野県人の記録』（日本放送出版協会，1979）
野村真理・弁納才一編『地域統合と人的移動――ヨーロッパと東アジアの歴史・現状・展望』（御茶の水書房，2006）
畠山次郎『実説大日向村――その歴史と民俗』（郷土出版社，1982）
林宥一『銀輪』（『銀輪』編集委員会，2000）
富士見小学校昭和六十三年度六年二部一同編『しらかば学習の実践　満州富士見分村開拓の記録』（富士見小学校昭和六十三年度六年二部，1989）
藤原書店編集部編『満洲とは何だったのか』（藤原書店，2004）
満州移民史研究会編『日本帝国主義下の満州移民』（龍渓書舎，1976）

拓務省拓務局東亜課編『満洲農業移民概況』(拓務省, 1936)
武田勉・楠本雅弘編『農山漁村経済更生運動史資料集成』第7巻(柏書房, 1985)
田島清編『信州人物誌』(信州人物誌刊行会, 1969)
治安維持法犠牲者国家賠償要求同盟長野県本部編『治安維持法と長野県』(治安維持法犠牲者国家賠償要求同盟長野県本部, 1988)
中国帰国者の会編『わたしたちは歴史の中に生きている——「中国残留邦人」と家族10の物語』(中国帰国者の会, 2011)
中日新聞特別取材班『風雪の日々今も——読書開拓団の50年』(中日新聞本社, 1988)
塚瀬進『満洲国——「民族協和」の実像』(吉川弘文館, 1998)
————『満洲の日本人』(吉川弘文館, 2004)
帝国農会『富士見村の分村運動に就て』(帝国農会, 1942)
————『満洲開拓民送出調査』第2輯(帝国農会, 1942)
寺林伸明・白木沢旭児・劉含発編『日中両国から見た「満洲開拓」——体験・記憶・証言』(御茶の水書房, 2014)
暉峻衆三編『日本農業100年のあゆみ——資本主義の展開と農業問題』(有斐閣, 1996)
東京日日新聞経済部編『如何にして農村を救ふべきか』(創造社, 1932)
東京の満蒙開拓団を知る会『東京満蒙開拓団』(ゆまに書房, 2012)
永雄策郎編『満洲農業移民十講』(地人書館, 1938)
————『日本植民政策の動向』(有斐閣, 1944)
長野県『長野県政史』第2巻(長野県, 1972)
————『長野県史』近代史料編第8巻(長野県史刊行会, 1984)
————『長野県史』近代史料編別巻統計2(長野県史刊行会, 1985)
————『長野県史』近代史料編別巻統計1(長野県史刊行会, 1989)
————『長野県史』通史編第9巻近代3(長野県史刊行会, 1990)
長野県開拓自興会満州開拓史刊行会編『長野県満州開拓史』総編(長野県開拓自興会満州開拓史刊行会, 1984)
————編『長野県満州開拓史』各団編(長野県開拓自興会満州開拓史刊行会, 1984)
————編『長野県満州開拓史』名簿編(長野県開拓自興会満州開拓史刊行会, 1984)
長野県教育史刊行会編『長野県教育史』別巻1(長野県教育史刊行会,

大江志乃夫編『日本ファシズムの形成と農村』（校倉書房，1978）
大久保真紀『中国残留日本人』（高文研，2006）
大日向分村開拓団開拓史編纂委員会編『満州・浅間開拓の記——長野県大日向村分村開拓団の記録』（銀河書房，1983）
外務省領事移住部『わが国民の海外発展——移住百年の歩み（本編）』（1971）
————『わが国民の海外発展——移住百年の歩み（資料編）』（1971）
上笙一郎『満蒙開拓青少年義勇軍』（中公新書，1973）
楠本雅弘『農山漁村経済更生運動と小平権一』（不二出版，1983）
蔵原惟昶編『日露開戦論纂』（蔵原惟昶，1903）
厚生省援護局編『引揚げと援護三十年の歩み』（厚生省，1977）
小林弘二『満州移民の村——信州泰阜村の昭和史』（筑摩書房，1977）
坂口正彦『近現代日本の村と政策——長野県下伊那地方 1910〜60 年代』（日本経済評論社，2014）
桜本富雄『満蒙開拓青少年義勇軍』（青木書店，1987）
佐々木敏二『長野県下伊那社会主義運動史』（信州白樺，1978）
信濃教育会『信濃教育会五十年史』修正再版（信濃毎日新聞社，1935）
————編『佐藤寅太郎選集』（信濃教育会，1954）
————『信濃教育会九十年史』（信濃教育会出版部，1977）
信濃教育会東筑摩部会編『東筑摩郡誌』（信濃教育会東筑摩部会，1919）
下伊那教育会史編集委員会編『下伊那教育会史　百周年記念』（下伊那教育会，1987）
白取道博『満蒙開拓青少年義勇軍史研究』（北海道大学出版会，2008）
陳野守正『先生，忘れないで！——「満州」に送られた子どもたち』（梨の木舎，1988）
杉野忠夫『新しき農業と分村計画』（地人書館，1940）
————『海外拓殖秘史——ある開拓運動者の手記』（文教書院，1959）
須崎愼一『日本ファシズムとその時代——天皇制・軍部・戦争・民衆』（大月書店，1998）
高岡裕之『総力戦体制と「福祉国家」——戦時期日本の「社会改革」構想』（岩波書店，2011）
高橋健男編著『渡満とは何だったのか——東京都満州開拓民の記録』（ゆまに書房，2013）
高橋泰隆『昭和戦前期の農村と満州移民』（吉川弘文館，1997）

参考文献・資料一覧

1．新聞・官報・雑誌

『大日向村報』
『上郷時報』
『信濃国民新聞』
『信濃毎日新聞』
『東京朝日新聞』
『特高月報』
『長野県報』
『信濃教育会雑誌』（1907年より『信濃教育』に名称変更）
『新興教育』
『信州白樺』

2．書籍

青木恵一郎『長野県社会運動史』（社会運動史刊行会，1952）
青木孝寿・上條宏之『長野県の百年』（山川出版社，1983）
蘭信三『「満州移民」の歴史社会学』（行路社，1994）
————編『「中国帰国者」の生活世界』（行路社，2000）
————編『中国残留日本人という経験——「満州」と日本を問い続けて』（勉誠出版，2009）
飯田市歴史研究所編『資料集　時報・村報にみる「満州」移民』（飯田市歴史研究所，2006）
————編『満州移民——飯田下伊那からのメッセージ』（現代史料出版，2007）
石川県教育文化財団編『旧満州国白山郷開拓団8月27日』（石川県教育文化財団，2004）
市川本太郎『長野師範人物誌』（信濃教育会，1986）
伊藤淳史『日本農民政策史論——開拓・移民・教育訓練』（京都大学出版会，2013）
移民研究会編『戦争と日本人移民』（東洋書林，1997）
大石嘉一郎『日本資本主義百年の歩み』（東京大学出版会，2005）

索引

著者紹介

小林信介（こばやし・しんすけ）

1972年生まれ。
金沢大学人間社会研究域経済学経営学系准教授。
金沢大学にて博士（経済学）取得。
専攻は近現代日本経済史。
共著に『戦争と民衆の現代史』（現代史料出版，2005），『地域統合と人的移動――ヨーロッパと東アジアの歴史・現状・展望』（御茶の水書房，2006）。

人びとはなぜ満州へ渡ったのか
――長野県の社会運動と移民
【金沢大学人間社会研究叢書】

2015年3月20日　第1刷発行

定価はカバーに
表示しています

著　者　小　林　信　介

発行者　髙　島　照　子

世界思想社

京都市左京区岩倉南桑原町56　〒606-0031
電話 075(721)6500
振替 01000-6-2908
http://sekaishisosha.jp/

（印刷・製本 太洋社）

落丁・乱丁本はお取替えいたします。

ISBN978-4-7907-1657-0